本系列图书为

2020 年度国家出版基金项目
2016 年度宁波市文化创新团队项目

宁波市艺术发展基金支持资助

 你们是传统村落保护的志愿者，我也是志愿者，我们共同努力，把中国传统村落保护好，守护中华民族的乡愁。

冯骥才先生会见宁波市国家级传统村落立档调查志愿者

宁波市国家级传统村落立档调查培训班全体成员

宁波传统村落

《宁波传统村落田野调查》编委会

总 顾 问	冯骥才
名誉主任	郁伟年
主　　任	杨　劲　王晓勇
副 主 任	施孝峰　周静书　方飞龙　邵方毅
委　　员	邵　斌　王亦建　刘尚才　张　琳
	童银舫　鲁永平　戴余金　王伟军
	陈素君　陈可伟　卢圣贵
主　　编	周静书

田野调查 —— 周静书 主编

梅枝田村

杨小娣 葛娃娃 编著

宁波出版社

图书在版编目（CIP）数据

宁波传统村落田野调查. 梅枝田村 / 杨小娣，葛娃娃编著. —宁波：宁波出版社，2020.5
ISBN 978-7-5526-3712-0

Ⅰ. ①宁… Ⅱ. ①杨… ②葛… Ⅲ. ①村落—调查报告—宁波 Ⅳ. ①K925.55

中国版本图书馆 CIP 数据核字（2019）第 259166 号

宁波传统村落田野调查·梅枝田村

杨小娣　葛娃娃　编著

出版发行	宁波出版社
地　　址	宁波市甬江大道 1 号宁波书城 8 号楼 6 楼
邮　　编	315040
联系电话	0574-87259609
网　　址	http://www.nbcbs.com
策划编辑	袁志坚
责任编辑	罗樱波　张爱妮
封面设计	马　力
内页排版	金字斋
责任校对	徐巧静　陈凌欧
责任印制	陈　钰
印　　刷	宁波白云印刷有限公司
开　　本	787 毫米 ×1092 毫米　1/16
印　　张	16
字　　数	267 千
版　　次	2020 年 5 月第 1 版
印　　次	2020 年 5 月第 1 次印刷
标准书号	ISBN 978-7-5526-3712-0
定　　价	85.00 元

本书若有倒装缺页影响阅读，请与出版社联系调换，电话：0574-87248279

序

周静书

　　中国传统村落，是中华民族一份宝贵的文化财富，是中华优秀传统文化的重要体现。2012年，在冯骥才先生的倡导下，国务院决定推进传统村落的保护，由住建部等部门负责，评审公布中国传统村落保护名录。2014年，冯骥才先生以文化大家的先知卓见，亲力亲为，领导中国民间文艺家协会启动了中国传统村落立档调查工作。这是一项具有开创性的重大文化工程。宁波市民间文艺家协会积极响应，在2015年做出规划，用三年左右时间，完成宁波市第1至第3批18个国家级传统村落立档调查工作。2016年，我们对参加立档调查的骨干进行了集中培训，恰逢中国传统村落保护（鸣鹤）国际高峰论坛在宁波慈溪举行。冯骥才先生在鸣鹤古镇与参训人员见面，并满腔热情地鼓励："你们是传统村落保护的志愿者，我也是志愿者，我们共同努力，把中国传统村落保护好，守护中华民族的乡愁。"这给宁波的民间文艺家以极大的鼓励。由此，我们形成了由50多位骨干，共100多人参与的立档调查团队。宁波市委宣传部、宁波市文联十分关心和重视，积极推荐，宁波市委办公厅下发文件，将传统村落立档调查团队列入2016年宁波市文化创新团队，给予重点支持。

传统村落的保护，不仅要保护大量的传统建筑和自然生态环境，更重要的是守护传统村落的文化灵魂，延续传统村落的文化血脉。传统村落保护是一项系统的工程，是一个完整的体系。传统建筑和自然环境是它物质性的有形文化符号，而真正代表传统村落精髓的是以非物质文化遗产为主体的民间文化。如果说建筑类的文化遗产是传统村落的躯壳，那么民间文化则是传统村落的灵魂，而且很多民间文化在当代社会中仍有重要的史料价值和现实意义。完整的传统村落形态，不仅包括古民居、庙宇、宗祠、古桥、古树等丰富的物质文化遗产，同时还应包括各种生产生活民俗、民间信仰、民间文学、手传民间技艺等非物质文化遗产。建立科学完备的传统村落档案，使传统村落的文档成为记录完整的地域建筑史、民情生存史和传统文化史的资料，从而为今后传统村落研究、保护和发展提供可靠的依据。正因为如此，传统村落的保护理当是整体性的保护，传统村落的物质资源和精神资源不能互相割裂。失去了精神层面的民间文化，就如切断了文化的血脉，传统村落徒有躯壳，就没有生命的活力。

民间文化是在漫长的农耕时代里积淀形成的文化遗产。村落建筑中存在着传统技艺等非物质文化遗产，民众生产生活中遗存着大量的民间信仰、民间风俗、民间故事、农谚歌谣、俗语老话甚至地名文化、土特产制作技艺等民间文化。许多民间文化是在与之相适应的文化土壤中产生和存在的。如对于所在村落的山、水，当地人会寄托美好的愿景，赋予它灵气，因而口耳相传着美丽的民间故事和歌谣，千百年不息地传承。俗话说"一方水土养一方人""十里不同风，百里不同俗"，每个传统村落都具有它独特的个性，这与它的自然环境、生活族群的历史变迁有密切的关系。每个传统村落的独特的民间信仰、民间风俗，以至民间传说、歌谣、谚语、谜语、老话、生产技艺等，组成了绚丽多彩的民俗风情画卷。它既彰显中华民族文化的共性，又体现一乡一村的个性。这种民间文化拥有它原初的特性和独有的文化意义，扎根于它生存的土壤。它直接表达了传统村落的精神特质，是村落的灵魂所在。多姿多彩的传统村落之所以至今仍魅力四射，正是因为它们各自蕴藏着丰厚独特的民间文化。今天对传统村落保护的文化战略意义，就在于为千姿百态的民间文化留住生存空间，让它们有效地传承下去，从根本上保护这些古村落形态的整体性和文化的延续性。

对于传统村落民间文化的抢救工作，民间文艺界和知识界理应率先行动，形成文化自觉，敢于担当，对历史和民族负责。面对浩如烟海的民间文化珍藏，我们本次田野调查期间，团队全体人员下沉到民间去，深入田野间，深挖细掘，逐一记录梳理，精心搜集，细心整理民间文化中各种类型、各种民俗事象，尽可能全面、真实、客观、准确，形成系统科学的文献档案资料。特别是诸位主创，遍访中老年原住村民，不厌其烦，反复追寻，不疏不漏，对年岁特别大的村民进行抢救性口述记录。我们深知错过了重要的知情人、见证人，就错过了历史，有些文化信息可能会从此湮没、消失。我们在这次田野调查中，历尽艰辛，不仅遍访村中的长住居民，而且对迁居到邻村、城镇，甚至远走他乡的村民也进行追踪调查采录，这着实是抢救性的工程，当我们整理定稿出版时，有些当年被采访的老人已驾鹤西去，真乃"时不我待"啊！

民间文化的丰富性体现在传统村落里，民间文化的精华扎根于传统村落里，民间文化的多样性显示在传统村落里，民间文化的独特魅力展现在传统村落里。只有抢救保护好民间文化，传统村落的保护工作才能达到科学完美的目标。只有坚持物质文化遗产保护与非物质文化遗产保护有机结合，才能实现建筑特质、风土人情、传统习俗、传统技艺等的合理利用，活态传承。只有保护利用好民间文化，传统村落的可持续发展才能有更旺盛的生命力和感召力，才能更有效地推进传统村落的美丽乡村建设科学发展。

2018年，中共中央、国务院印发了《乡村振兴战略规划（2018—2022年）》，在《弘扬中华优秀传统文化》中明确提出："实施农耕文化传承保护工程，深入挖掘农耕文化中蕴含的优秀思想观念、人文精神、道德规范，充分发挥其在凝聚人心、教化群众、淳化民风中的重要作用。"传统村落的田野调查，正是农耕文化传承保护工程的必要和重要的一环。我们希望这18部《宁波传统村落田野调查》能为传统村落保护和发展，为乡村文化振兴和民间文化传承，提供有力支撑。为宁波文化强市建设展示优秀传统文化魅力，同时能推动更多珍贵的传统村落进行抢救性立档调查，以守护乡村的文化灵魂，延续乡土的文化血脉，强盛城市的文化根基，为乡村振兴和美丽中国建设做出新贡献。

戊戌酷暑于董山古村

目 录

调查实录

中国传统村落立档调查（文字）归档表 …… 003
一、村落风貌 …… 007
　（一）地理位置 …… 010
　（二）历史沿革 …… 011
　（三）民居布局 …… 013
二、自然生态 …… 017
　（一）山水特色 …… 019
　（二）古树名木 …… 024
　（三）植物资源 …… 024
　（四）动物资源 …… 025
三、生产生活 …… 027
　（一）农业种植 …… 029
　（二）水果种植 …… 030
　（三）牧渔业 …… 038
　（四）文化教育 …… 046
四、物质文化遗产 …… 049
　（一）民居建筑 …… 051
　（二）祠堂、寺庙 …… 053
　（三）古井、古街、石碾 …… 057
　（四）牌坊与牌匾 …… 057

五、非物质文化遗产 ······ 059
　（一）工艺技艺 ······ 061
　（二）民俗风情 ······ 065
　（三）民间文学 ······ 084
　（四）宗姓家谱 ······ 117

六、诗文选录 ······ 121
　（一）历代县令为梅枝田田氏所写的诗文 ······ 123
　（二）梅枝田十景诗 ······ 124
　（三）"山风海韵"梅枝田诗词楹联 ······ 126

七、乡贤名士 ······ 129
　（一）乡贤名士事迹 ······ 131
　（二）历代名士列表 ······ 136

图片档案

中国传统村落立档调查（图片）归档表 ······ 143
A 村落面貌 ······ 152
B 历史见证 ······ 169
C 物质文化遗产 ······ 183
D 非物质文化遗产 ······ 203
E 民俗生活 ······ 205
F 生产方式 ······ 218
G 人物 ······ 232
H 现状 ······ 235
I 其他 ······ 239

附录：国家级传统村落梅枝田村立档调查人员名录 ······ 241

调查实录

一
二
三
四
五
六
七

— 村落风貌

— 自然生态

— 生产生活

— 物质文化遗产

— 非物质文化遗产

— 诗文选录

— 乡贤名士

中国传统村落立档调查（文字）归档表

村落名称：梅枝田村
所属省市乡（镇）：浙江省宁海县越溪乡
名录批次：第三批
名录之外：宁波市历史文化名村
调查时间：2016年7月—2018年7月
调查者：杨小娣、丁著怀
登记时间：2018年7月

编号	分项	内容	备注
1	年代	南宋开庆元年（1259），田什将军第十四代后裔田均鋘从宁海城关迁居至梅枝田村	—
2	形成原因	田氏后代聚族群居于此，后人通过建祠堂、修族谱、祭祖宗（梅枝田村年年清明上太公坟，是"全村朝圣"的节日）等方式敦宗睦族，以凝聚人心，维系长幼亲疏的血缘关系和尊卑贵贱的社会关系。	—
3	类型	滨海、丘陵地带	—
4	地质	沙质土、玄武岩	—
5	自然面貌	梅枝田村古时有梅里之称，坐落于三门湾边，包裹在群山环抱之中，地处宁海东南部、白峤港畔，南连一市镇，北靠茶院乡，西经白岩隧道可至宁海城关，省道宁松线、县道亭柳线穿境而过。梅枝田村山清水秀，三面环山，重峦叠嶂，翠绿连绵；一面朝海，海风徐徐，碧波荡漾，是一个令人向往的天然居所。自明代就有古洞仙踪、狮刹晨钟、九皋晴霞、曲港渔歌、双溪垂钓、青屿雪浪、牛山牧歌、七星追月、西塘访古、灯台夕照十景，历代相延。登上成片古树掩映着的山岗放眼望去，日出东升一览无余，海市蜃楼尽收眼底，四周山色连天，苍翠入眼；俯瞰整个村落，灰墙青瓦的屋宇排得错落有	—

续表

编号	分项	内容	备注
5	自然面貌	致,古朴淡雅。山坡上一棵棵枝繁叶茂、葱茏劲秀的古树昂首云天,巍峨挺拔,树冠相叠,枝柯交错,浓绿如云,给整个村落添描上一层神秘深幽、如梦如幻的色彩。	—
6	民族	汉族	—
7	姓氏	梅枝田村是田氏家族聚居地,以田姓为主,另有朱姓等极少数人口	—
8	人口	共有村民502户,1564人	—
9	生产	以水产养殖业、水果栽培和农作物种植为主。水产类有跳鱼、对虾、青蟹、蛏子、毛蚶等;水果类有红心猕猴桃、杨梅、橘子、西瓜、白枇杷等;主要农作物有水稻、小麦、番薯、土豆、玉米、毛芋、豆类、叶类蔬菜等。	—
10	历史见证物	石墩:三四百斤大石墩一个,是梅枝田村尚武传统遗迹 石碾:硕大的石碾与底盘,是农耕生产方式的见证 古街:五市街遗址一条,反映曾经繁华的古老商贸 古树:100—700年古樟和里香王树等5株 匾额:"忠英永宅""定国将军"等八款 族谱:《田氏宗谱》,分老谱和新谱,现今保存的老谱编于1949年,共六卷。1984年新谱共五卷,其中卷一至卷四分上下册。宗谱记叙详尽,始祖可考,各世各房各支脉络清晰。 石碑:如意庵、长洋岭、红庙、瑞福寺重修碑记等 书籍:《农民田小福》为笔名扶桑的作者为第七届全国人大代表、全省种粮大户所著传记	—
11	物质文化遗产	古建筑:梅枝田村尚保存着明末至民国年代建造的集中成片并较完整的古民宅。比较典型的有祥下道地,另有新楼下道地、高堂道地、朱家道地、吴家道地等总共21个大小道地。整个古村遗址、水系、街衢循规蹈矩,是一处不可多得的宜居场所 祠堂:有田氏家庙、朱家祠堂等 庙宇:有天灯寺、关帝寺、胡公大殿、瑞福寺、瑞相寺、油盐寺、白鹤庙、田氏家庙、如意庵、圆满庵、香传庵。其中有四座寺庙被宁海县宗教管理局批准为合法、公开、可从事佛教活动的场所 古井:村里现保存有古井7口	—
12	非物质文化遗产	古法酿酒、海马操作、捣麻糍、家具加工、漆匠工艺,还有磨豆腐、做梅菜干、晒笋干、制茶叶等传统工艺。以米粉、麦粉制作为主的风味食品很有特色,还有居住民舍风格与造屋动土迁居风俗、谢年及其他节日风俗等。	—

续表

编号	分项	内容	备注
13	自然遗产	梅枝田村的自然生态环境清幽，山上绿树藤蔓缠绕，水库河港波光粼粼，山光水色相互辉映，主要有以下几座山林景点：白岩山、白鹤山、狮子山、犀牛山、王干山等。梅枝田村的西北边水库附近有一道长约百米的藤蔓林，常见白鹭成群翔翩，极为幽美。另有穿村溪坑2条，水库8座，水资源丰富。	—
14	现状	梅枝田村于2014年填报"传统村落调查登记表"，被列入第三批中国传统村落。村内历史建筑丰富，背山面海，是浙东民居的特色村落。2014年填报国家特色景观旅游名镇名村。2014年国庆期间，中央电视台《朝闻天下》栏目曾以"观东海日出，看沧海桑田"为题，对王干山日出进行了现场直播，部分景致涉及梅枝田村。2016年9月，由浙江省建筑科学设计研究院建筑设计院作了《宁海县越溪乡梅枝田村中国传统村落保护规划》，制定了长远、科学的有关人文历史的发展计划，并逐步实践推进中。梅枝田村以厚德笃学为祖训，以耕读传家为家规。今后梅枝田村将整合各类人文历史旅游资源，规划发展方向。	—
15	村落简介	梅枝田村总占地面积约为2.5平方千米，现行政村由上田、隔坑、筲箕湾、小梅枝四个自然村组成，地处白峤港三门湾畔。北靠茶院乡，南临一市，东依王干山并接下田村，东北山峦环抱，"越沙线""梅塘线"穿村而过，交通便捷。距离宁海县城约20分钟车程，到越溪乡仅10分钟车程，南往一市镇约10分钟车程，东向王干山约5分钟车程，地理位置优越。梅枝田村有山有田又有滩涂，有"鱼米之乡"之称。共有村民502户、1564人，拥有耕地980亩、山林2800亩、养殖塘250亩，有村民小组13个，其中上田自然村4个、隔坑4个、小梅枝4个、筲箕湾1个，共有村民代表32人，中共党员62人，村三委会干部9人。 梅枝田村始祖田均鋨是宁海南北朝时梁陈间开疆拓土者田什将军第十四代后裔，在南宋开庆元年（1259）从宁海城关迁至梅枝。当时蒙宋战争频频，南宋奸臣贾似道当道，当权者过着醉生梦死的生活。在此20年后，南宋便成了历史。也就在这个时期，兵荒马乱尚未开始，百姓油盐酱醋茶的生活依然持续，田均鋨迁居到了梅枝这个山村。当时小小的村落只有十几户人家，而此后700多年之中，他们耕读传家、厚德笃学、勤劳致富、子孙绵延，随着田氏家族的兴旺，小村落的规模不断扩大。700多年后，这里成了田氏后代聚族群居的地方（其他如朱姓等人口比例极少）。 中国古代村落依托聚族群居形成的宗族制度在梅枝田村有充分体现，所以梅枝田村成为今人研究和了解已然消失的中国宗族制度	—

续表

编号	分项	内容	备注
15	村落简介	的"活化石"。后人通过建祠堂、修族谱、祭祖宗（梅枝田村年年清明上太公坟，是"全村朝圣"的节日）等方式敦宗睦族，以凝聚人心，维系长幼亲疏的血缘关系和尊卑贵贱的社会关系。村子经明、清、民国不断兴旺，规模扩大，曾设立过乡公所。中华人民共和国成立后，以老村为中心向四周继续扩展。 　　梅枝田村是宁海县城的奠基者田什将军的后裔们居住生活繁衍了700多年的古村落。田什将军在宁海历史发展脉络中不可撼动的突出地位以及田氏后人那些流传至今脍炙人口的经典故事，使梅枝田村具有丰厚的人文内涵，在时间和空间上相对系统地传承并演绎了浙东地区的先民们依托聚族群居而形成的族群宗礼制度。梅枝田村是一座典型的隐匿于"大风水"中的"小村落"，其选址定位之妙、形制结构之精、巷甬布局之奇，令人叹为观止。作为古村落"活化石"，村民围月山而居，它既凸显了聚族群居而形成的浩大宗族空间，又以依山傍水布局渗透出儒学章理和道教文化意味，它的选址显现出堪舆学"大风水"的概念。历经几百年，一代又一代的先民们不间断地开屯扩筑，才逐渐形成这座不可多得的"天地和音"的浙东古村落。梅枝田村极其充分地体现了人类与自然和谐相处、"天地人合一"的思想，体现出了山区古村落缔造者们较强的环境意识和独到的审美观念。传统街巷网络、给排水系统、居住建筑、教化建筑、礼制建筑和以水池与亭子为中心的公众休闲中心，交织组成一个完整自足的"社会"，集中体现我国古代"农耕文化"与"宗族文化"结合的完整而独立的文化体系，在我国乡土建筑中具有突出的代表性，是研究传统中国乡土文化和乡土建筑的瑰宝，是浙江乡土建筑研究的典型材料。 　　村落选址精心考究，综合考虑土地、水源、山林、小气候和安全防御、交通、防洪要求，充分体现浓郁的山水情怀和人文气质，将秀美的自然环境与村落规划愿景有机结合起来，融自然美、人工美与艺术美于一体。村落布局讲究风水，体现环境的领域感、归属感和安全感。它的规划布局、楹联碑记，甚至村名、街名等都保存着古代文化印记，具有极高的研究价值。 　　孕育于梅枝田村的陈年旧事，隐显于梅枝田村的古往今来及耕忙农闲的时令节假之列中，也表现在不同时间、不同时令、不同节点所形成的浓郁淳朴的地域民俗民风和灿烂的农耕文化中。村中流传的丰富的谚语土话、历代诗文、祭祖祀文等，更是不可多得、难以复制，极具浙东地方文化特质。	—
16	其他	—	—

宁波传统村落田野调查·梅枝田村

一 村落风貌

梅枝田村极其充分地体现了人类与自然和谐相处、"天地人合一"的思想，体现出山区古村落缔造者们较强的环境意识和独到的审美观念。传统街巷网络、给排水系统、居住建筑、教化建筑、礼制建筑和以水池与亭子为中心的公众休闲中心，交织组成一个完整自足的"社会"，集中体现我国古代"农耕文化"与"宗族文化"结合的完整而独立的文化体系，在我国乡土建筑中具有突出的代表性，是研究传统中国乡土文化和乡土建筑的瑰宝，是浙江乡土建筑研究的典型材料。

村落选址精心考究，综合考虑土地、水源、山林、小气候和安全防御、交通、防洪要求，充分体现浓郁的山水情怀和人文气质。选址非常重视周围自然风光的优美，将秀美的自然环境与村落规划愿景有机地结合起来，融自然美、人工美与艺术美于一体。村落布局充分讲究风水，体现环境的领域感、归属感和安全感。它的规划布局、楹联碑记，甚至村名、街名等都保存着古代文化印记，如石墩、石碾、石碑、古街、古树、匾额等历史遗迹。梅枝田村具有明确的规划思想，在村落选址、规划设计方面具有极高的研究价值。

梅枝田村的历史变迁凝结于浓郁淳朴的地域民俗民风和灿烂的农耕文化之中。丰富的谚语土话、历代诗文、祭祖祀文等流传至今，祖训、族规、世德、尊儒重教之风渗透于村落的各个角落。从古至今耕读传家、文人辈出，读书蔚然成风，古代秀才进士层出不穷，极具浙东地方特质。

梅枝田村及周边区域因特殊的地理地貌而形成的自然旅游资源极其丰富，开发空间非常广阔，前景相当可观。从精心打造一个现代时尚休闲旅游目的地的目标出发，科学统筹梅枝田村所独具的时间长度、空间宽度和人文深度等规划要素，并予以合理的优化设计配置，尤其是充分利用其据山扼水与海相望的独特地理优势，可使其成为区域旅游业态穿插联动的杠杆撬动点，最终将成为未来宁海东南片区的中短途旅游集散地。

（一）地理位置

宁海县梅枝田村于 2014 年被列入第三批中国传统村落，村内历史建筑丰富，是浙东民居的特色村落。村庄地处宁海县越溪乡东南部白峤港三门湾畔，南连一市镇，东依王干山并接下田村，东北山峦环抱，越沙线、梅塘线穿村而过，交通便捷，北靠茶院乡，西经白岩隧道可至宁海城关，省道宁松线、县道亭柳线穿境而过。梅枝田村处在三角之地，道路四通八达，古时石子道路穿村而过。现在公路经过村落，交通更加便捷。距离宁海县城约 20 分钟车程，到越溪乡仅 10 分钟车程，南往一市镇约 10 分钟车程，东向王干山约 5 分钟车程，区位优势明显。

梅枝田村山清水秀，三面环山，重峦叠嶂，翠绿连绵，一面朝海，海风徐徐，碧波荡漾，天蓝云碧，是一个令人向往的天然居所。村前的白岩山又名九皋山，为南西方向的山脉，最高峰高 417 米，距村庄 500 至 1000 米，山坡平缓，无压迫之感。村后北面依犀牛山，高 150 米，"座拥犀峰环一角"，寓意犀牛镇邪护宅，为村落做屏障，挡住北风侵袭，使村落温暖如春。村东临三门湾，塘岸未围垦前，海水直至村边，形成山谷港湾风貌。之后，经过一条条塘岸围垦，村庄居住地域逐渐扩大，耕地面积增多，宜居条件不断完善。村庄面积约 2.5 平方千米，耕地 980 亩，其中水田 550 亩、旱地 430 亩，山林 2800 亩，养殖塘 250 亩。梅枝田村有山有田又有滩涂，有"鱼米之乡"之称，山海交界，青山绿水相映，资源丰富。

梅枝田村跟宁海其他地区一样属亚热带季风气候区，常年以东南风为主，气候温暖湿润、四季分明、日照充足、雨水充沛，年气温 15.3—17℃，年日照 1900 小时左右，平均相对湿度 78%，年平均降水量 1000—1600 毫米，无霜期 230 天。梅枝田村是村人繁衍宜居之地，村民经济收入主要依赖于传统的农业耕种和海水养殖及村民外出打工，农业主要以水稻、蔬果种植等为主。

（二）历史沿革

1. 梅枝田氏源流

北宋初年，梅枝田称大梅枝、小梅枝，亦有梅里之称。根据清光绪《宁海县志》载，九皋山之西为梅枝岭，"相传有巨梅，东西歧分，故地有大小梅枝之号"。据说村头原来有一棵巨大的梅树，花开时节，芬芳满村。中华人民共和国成立后，被命名为梅枝田村，由隔坑、上田、筲箕湾、小梅枝四个自然村合并而成。

梅枝田村行政管辖归属多变迁：宋元属连理乡宣阳里，明属连理乡三十一都二图，清雍正六年（1728）属南乡梅枝庄，宣统二年（1910）属茂林乡，1932年属梅枝乡，1939年属梅七乡，1947年属茂林乡，1950年属梅七乡，1958年属一市人民公社，1961年属梅七人民公社（1981年更名为七市人民公社），1983年属于七市乡，1992年属越溪乡。

《田氏宗谱》序中有载："田氏，虞帝苗裔也。古圣人大德之盛，莫如舜；而其子孙之盛也，莫如舜。若妫氏姚氏虞氏胡氏陈氏田氏王氏，皆舜之裔；分支遍海内，后世五侯卿相者，半属七姓。宗庙享之，子孙保之，盖由来远矣。秦灭田齐，其王子王孙辇归咸阳。汉高帝时从娄敬言，徙诸侯大族以卫京师。至汉武帝，又徙关东豪杰以实三辅。凤翔田氏始此。汉唐以来，簪缨络绎，支分派别，于有江宁江右山西，皆自凤翔分；而八闽四明又自宁海分。盖由将军出也。将军世居凤翔，梁太清间封武冈侯，侯景倡乱，卫邵陵王纶奔宁海，后封靖边侯，遂家于宁海广度里。殁后英灵显赫，邑人建庙祀之，厥后子孙繁衍。南宋开庆年间，均振公自邑中迁居梅里，为田家开基之祖，迄今三十三世。瓜瓞绵延，土宇不能容，分上下两村。秀者诗书，朴者渔耕，游庠者蝉联，高蹈者豹隐，杰出者龙跃。沐山外之雨露，餐海上之烟霞，自成人间福地……"

据此，可知宁海田姓先祖由来，南北朝时期梁太清二年（548）田什将军为保卫梁朝王室来宁海而后定居并拓荒宁海县城，在宁海地方史上，田什将军占据重要地位,被清光绪《宁海县志》人物传列为首位。他原籍为陕西凤翔,被梁武帝授为殿前将军并封武冈侯,后平定叛乱又被敕封靖边侯。南宋开庆元年(1259),田什将军第十四代后裔田均鋠又为避祸乱从宁海县城移居至梅枝,成为梅枝田村的始祖。据宗谱记载,"公均振字仲则,妻胡氏。公性恶嚣尘,好幽静,宋理宗开庆元年己未由城南迁居梅枝,是为梅枝始迁之祖",梅枝田村已有750多年历史。梅枝田是田氏后代聚族群居的地方(其他如朱姓等人口比例极少),是中国古代村落依托聚族群居形成宗族制度的典型,是今人了解和研究已然消失的中国宗族制度的"活化石"。后人通过建祠堂、修族谱、祭祖宗(梅枝田村年年清明上太公坟,是"全村朝圣"的节日)等方式敦宗睦族,以凝聚人心,维系长幼亲疏的血缘关系和尊卑贵贱的社会关系。村子经明、清、民国不断兴旺,规模扩大,曾设立过乡公所。中华人民共和国成立后,以老村为中心向四周继续扩展。

2. 宗姓始祖

田什将军是宁海梅枝田氏家族的始祖,又是宁海县城的开拓者。2009年3月18日《宁波日报》报道:宁海县"发行《田什将军开拓宁海县城1460周年》纪念封一枚,上绘'宁海跃龙山将军湖'图案;同时,启用'田什将军肖像'纪念邮戳。田什,为宁海田氏之先祖,南朝后梁时被封为靖边侯,镇守临海郡。梁亡,田什解甲为民,合家在宁海垦荒耕种,开挖桃源河,开辟盛家街,为唐选定宁海县治奠定了基础。"田什将军是宁海历史上十位对宁海有重大贡献者之一。田什将军不但在史书上有记载,在宁海还充当着"剪凶除恶,护国保邦"之神,在梁皇寺里有供奉,在宁海城隍庙塑有城隍爷,是宁海冥界最高行政长官。梁皇山景区还设有"将军潭"一景。田什将军的坟墓在原宁海县老邮电局以西,20世纪80年代初还在,旧城改造时被拆毁。当地政府为尊重历史、尊重田将军起见,将城关西门的一条路命名为"将军路"。宁海跃龙山公园的"将军湖"是田将军晚年垂钓之处,也是纪念田将军在宁海最重要的胜景。宁海梅枝田的田氏家庙供奉着"缑城迁梅枝田始祖"牌位,田氏家庙是宁海保存最完好的祠堂之一。在宁海城里,纪念田将军的历史遗迹很多,举不胜举。宁海老百姓为田将军树碑立传,以各种方式纪念敬重他,表明了田将军在百姓心目中的重要位置。

梅枝田村始祖田均鋠是田什将军第十四代后裔，在南宋开庆元年（1259）从宁海城关迁至梅枝。1259年，正是南宋末年，当时蒙宋战争频频，南宋奸臣贾似道当道，当权者过着醉生梦死的生活，20年后，南宋便成了历史。也就在这个时期，兵荒马乱尚未开始，百姓油盐酱醋茶的生活依然持续，田均鋠迁居到了梅枝这个山村。田均鋠定居梅枝，究竟因何种机缘已无从考究，是否曾多次到过梅枝也是未知，但他对此地的偏爱可见一斑。当田均鋠来到梅枝时，小小的村落只有十几户人家，而此后750多年之中，随着田氏家族的兴旺，小村落的规模不断扩大。

（三）民居布局

1. 自然村分布

梅枝田行政村由上田、隔坑、筲箕湾、小梅枝四个自然村组成。上田村是田氏家族在梅枝田的最早落脚地、家庙所在地，也是田氏一族中最发达的一支所在地。目前，梅枝田行政村共有村民502户、1564人，共有村民代表32人，中共党员62人，有村民小组13个，村三委会干部9人。其中，上田自然村有182户人家，共515人，以田姓为主；隔坑自然村有146户，共475人，朱姓为多，杂以吴姓等；小梅枝自然村有123户，共425人，有陈、葛、马、柴等姓氏混居；筲箕湾自然村有51户，共149人，除了一户柴姓、一户张姓，其他都姓田。

2. 村域形态

梅枝田村是宁海县城的奠基者田什将军的后裔们繁衍生息之地，至今有750多年历史。田什将军在宁海历史发展脉络中不可撼动的突出地位以及田氏后人流传至今的脍炙人口的经典故事，使梅枝田村具有了丰厚的人文内涵，在时间和空间上相对系统地传承并演绎了浙东地区的先民们依托聚族群居而形成的族群宗礼制度。

梅枝田村是一座典型的隐匿于"大风水"中的"小村落",更是一尊具有无可比拟的选址定位之妙、形制结构之精、巷甬布局之奇,令人叹为观止的古村落"活化石"。梅枝田村民围月山而居,凸显了聚族群居而形成的浩大宗族空间,依山傍水的布局渗透出儒学章理和道教文化意味,其选址显现堪舆学"大风水"的概念。而在宁海卫星测控地形图中,梅枝田村所在位置就如同在一只猛虎神兽的印堂之上,而印堂则是神兽元气之所在。这样的发现给整个村落增添了一层神秘的色彩。几百年间一代又一代的先民们不间断地开屯扩筑,逐渐形成这座不可多得的"天地和音"的古典浙东民居村落。

梅枝田村自明代起就有古洞仙踪、狮刹晨钟、九皋晴霞、曲港渔歌、双溪垂钓、青屿雪浪、牛山牧歌、七星追月、西塘访古、灯台夕照等十景,历代相延。登上成片古树掩映着的山岗放眼望去,日出东升一览无余,海市蜃楼尽收眼底,四周山色连天,苍翠入眼;俯瞰整个村落,灰墙青瓦的屋宇错落有致,古朴淡雅。山坡上一棵棵枝繁叶茂、葱茏劲秀的古树昂首云天,巍峨挺拔,树冠相叠,枝柯交错,浓绿如云,给整个村落添描上一层神秘深幽、如梦如幻的色彩。

3. 建筑特色

梅枝田村村落外围环境保存状况较好,古民居依山而建,房屋高低错落,村落四周由山地、农田环绕,山地之间自然原始地貌保存完整,自然生态与居民生活紧密相连。至今,村内传统风貌基本完整,也有新旧建筑混杂,道路庭院铺地改造、石墙沟渠被拆毁而用水泥重砌的现象较多。

梅枝田村民居民宅的建筑构造方式有着独特完整的传统风貌。建筑外观古朴,颇具江南特色。大开间、短进深、少院落的组合形式及大天井的广泛运用,为其主要建筑特征。建筑形象自然活泼,体型丰富灵巧、开敞通透,是浙东山地民居的典型代表。建筑材料多就地取材,以素木、块石和砖块垒砌,构造精巧,灵活多变,多保持了木材和石材的原始色泽,不着油漆粉饰,呈现着天然的弯曲和纹痕,既显示了极高的运用不同建筑材料的技巧,又充分流露出村民爱好自然的理念、气质。特别是对本地玄武岩的运用,更是信手拈来、浑然天成,多处用它驳岸、筑墙、砌水沟、铺路或做庭院铺地。那一道道的石墙乱而有序、极具匠心，反映了村民朴实、豁达的山野性格。建筑朴素平易，以原木、块石、青砖、黛瓦和少量白灰建造，不施粉饰，所有材料均保持天然本性、本色、本形。建筑风格轻快、亲切、明朗、活泼，屋面曲线优美，整体造型朴素大方、形态古拙。建筑温润柔和，规则中又不失乡野质朴之灵气，显示出朴实而又精致、豪放而又敏感的审美情趣，在建筑研究、建筑设计、建筑材料、建筑施工等领域具有研究价值，在建筑艺术方面具有较高价值。

宁波传统村落田野调查·梅枝田村

二 自然生态

（一）山水特色

1. 主要山林景点

梅枝田村环境清幽，山上绿树藤蔓缠绕，水库河港水波粼粼，山光水色相互辉映，主要有以下几座山林景点：白岩山、白鹤山、狮子山、犀牛山、藤蔓垂帘、王干山、月山等。

白岩山

又名九皋山，位于宁海县西南方向，最高峰海拔417米，为水车、越溪、七市三乡交界山峰。山上有三峰鼎峙，高插青冥：东山名白鹇峰，陡峻崔嵬，岩石白色，似展翅欲飞之白鹇鸟；西山名红岩峰，因南向岩壁色赭如染而得名；北山名躁龙峰，峰高为三峰之首，峰顶建有航标。登上峰顶极目远眺，海港山峦、田园房舍尽收眼底。峰肩有山坳，各"小龙潭"危岩耸立、怪石嵯峨，有的中空似室，有的拱接如桥。千百年来，白岩山的天然胜迹鲜为人知，只有山村的牧童、樵夫在山间憩息、游览。近年来，随着"胡公寺""小龙潭"等旅游点的开辟，白岩山逐渐被更多的人所认识，成为人们喜爱的旅游去处。

白岩山上最著名的景点有九皋潭、羊祜洞、宝剑岩和仙人臼等。

九皋潭。位于躁龙峰背面山坳处，石壁如屏，高达数十仞。岩壁间有瀑布悬挂，水流倾泻直下，底下有一水潭，潭中水色墨绿，不知其深度。向潭底投一石块试探，四壁发出"嗡嗡"的响声，回音经久不止。潭旁石隙间列有残碑断碣，上面镌写着各个朝代的人来此求雨的记载。这里还流传着龙的故事。某一年，遇上大旱，这九皋潭的一条小躁龙救民心切，擅自降雨，大雨成洪，冲毁了山下的部分农田和村舍。小躁龙知道自己触犯了天条，就穿山而死。现在水车清泗岙还有一个山洞，人可以进入洞内。据说，这就是小躁龙自尽的地方。

羊祜洞。躁龙峰东南有个大岩洞，叫"羊祜洞"，也叫"羊祜相公洞"。洞口朝东，洞高可容一人直立，洞宽可供数十人躺在洞内。走进洞内，只见洞上方重岩层叠,犹如马蜂窝。洞口石块罗列,如桌,如几,如榻,如椅,形状各异。这洞为什么叫"羊祜洞"呢?羊祜是西晋武帝手下的一员大将。传说西晋武帝南下伐吴时,吴民都纷纷避到深山大泽中。当时,羊祜驻军浙东,亲自到各地招抚流亡的百姓。他来到宁海,亲自登上高山冷谷,安抚流亡百姓,百姓都感恩归顺朝廷。有一年隆冬,羊祜上白岩山遇上大风雪,他不愿惊扰山居百姓,就和士兵投宿在这岩洞内。他"宽和为政、修德爱民"的精神,深得人民的敬仰。后来,当地山民就把这洞称为"羊祜洞",还在天平庵为他塑像,以示纪念。

宝剑岩。躁龙峰的东南有一块巨石,高约30米,阔近5米,厚1米许。石色灰白,从远处看,宛如一把宝剑插在山肩,故称为"宝剑岩"。岩顶长满蔓萝,丝丝下垂,春夏碧绿,秋冬橙黄,酷似剑柄上的穗子。

仙人臼。相传,躁龙峰南面的天平庵里曾经住着一个老和尚。他清苦学佛、自食其力,只在山间种点番薯等蔬菜苦度岁月,从不向人募化。有一年除夕,老和尚从瓮中倒出仅有的半碗谷子,坐在山门外的大石上用手搓米,准备次日煮饭供佛。忽然,来了一个白发老道,请和尚来到大石坪前,将拐杖向石孔点了几点,口中念念有词:"石臼天成,逢难就灵。贪图幸得,枉费痴心。"老道让和尚在稻粮不足时,在此石臼放入一点谷子进行变化,以供所需。这小石孔就是"仙人臼"。

除此四个景点外,沿途的奇峰秀岭、庵堂寺院同样美不胜收。从天平庵循山路下来,过望海岗,可见竹树簇拥,丛林间嵌有一座黄楼兰若,这就是马王堂凌云庵。从马王堂后山上岭,到如意峰。如意峰上也建有僧舍,是梅林僧人凌云创建。登峰远眺,朝北看,可见宁海城关的一角;朝西看,可见前童、竹林、马婆园、水车等村落,缘溪罗列。过山岗,经过香传庵,那儿四周松竹如屏。从庵外曲折而下,有一胡公寺,寺内塑有北宋胡则像。每年农历二月二十五日为神诞日,香客络绎不绝。现在山间已经通了公路,正在开发白岩山旅游景点。"造物钟奇费琢磨,三峰蜃气躁龙呵。红岩壁立高千仞,犹有白鹇顶上过。"神奇的白岩山将为更多的人所钟爱。

白鹤山

白鹤山在梅枝田村左边,形如白鹤振翅,寓意吉祥,是村里的风水山。山上有一座小庙,山下还有白鹤庙,山上种满了枇杷、杨梅、橘子等果树。

狮子山与犀牛山

狮子山与犀牛山一样，以象形而得名，也是梅枝田村里的风水山。当地人常说："前有狮峰守宅，后有犀牛镇宅护宅。"祥下道地"雅爱吾庐"大门联有言："座拥犀峰环一角，门迎狮嶂振双铃。"犀峰指的就是犀牛山，狮嶂指的就是狮子山。狮子山太平庵上有观海洞，清幽豁然，可观大海。

梅枝十景"牛山牧歌"中的这头牛指的就是犀牛山。这条大气磅礴的山脉从天台山发源，从西逶迤而来，从上田村后背过，向东伸展到三门湾。"狮刹晨钟"中的狮子就是指上田对面的狮子山，这也是天台山脉的一个小分支，在上田村的西边分叉。狮子山如雄狮强大的身躯，盘踞田野，眯着眼睛对着上田村，谙熟堪舆者说这是一头睡狮。而今山上的瑞相寺古刹已经倾圮，只剩狮子山了。

藤蔓垂帘

在梅枝田村的西北边水库附近，村落北面蛇头山尾环境清幽安谧，有一道长约百米的天然藤蔓林，缠绕在山涧边的树丛上，连绵起伏，如同一条藤龙似的盘旋着；南端常见白鹭成群翔翩，极为幽美。

王干山

王干山位于越溪乡，与梅枝田相毗邻，也是犀牛山向东延伸之山，民国时属梅枝乡。王干山地处三门湾畔，有着三面环海的独特地理位置。远望，星罗棋布、井字形的养殖塘一直延伸到山海口，其间一座座小山丘点缀，呈现出别样的山海风光；近观，整洁的村路、错落的民居掩映在绿意中，微风吹过，阵阵花香、果香扑面而来。王干山也是个能"观东海日出，看沧海桑田"的山头。2014年国庆节期间，中央电视台新闻频道曾在王干山顶拍摄东方日出的景象，王干山由此名闻天下，成为拍摄日出的一大基地。宁海民俗专家王兴满曾有诗赞曰：

王干山油盐寺
伫立登高处，王干旖旎山。
烟波何浩瀚，峦翠自缠绵。

> 古刹油盐寺，渔乡沧海田。
>
> 晨曦看日出，一片艳阳天。

王干山后山顶上有明代烽火台，登台可东望毛屿港，西南眺青山港，是这一带的制高点，也是明代抗倭瞭望的信息中心。据《宁海县志》记载，王干山烽火台建于明代嘉靖年间（1522—1566），距今已有近500年的历史。烽火台海拔155米，呈正方锥台状，由石块垒砌而成，内用黄泥夯实。台基底边长6米，顶部边长5.5米，高3.5米。王干山烽火台所在的越溪乡，位于三门湾白峤港，是军事隘口，倭寇上岸必经之地。明政府在该地区设有巡检司城和三个烽火台，王干山烽火台就是其中之一。明代嘉靖四十年（1561）四月，倭寇大举进犯越溪沿海地区，2000余倭寇泊船于宁海圻头（越溪岐头村）。王干山烽火台距圻头仅四五公里，在山上可对敌情了如指掌。该烽火台发出预警后，戚继光率戚家军星夜赶到宁海。经过激战，倭寇惨败，此后宁海不复有倭寇。2011年12月30日，王干山烽火台被公布为宁海县文物保护点。

月 山

梅枝田村东有一座小山，名月山。月山之东为下田村。月山西麓有上田古祠堂，东麓有白鹤古庙。上田祠堂后，月山腰上有株千年古樟，树荫如盖，阅尽田氏家族700多年沧桑。月山脚是梅枝田村文化和公共活动中心。"月上樟梢""七星追月"成为古村著名景观。月山以东，向大海延伸的山脉之麓，每隔几里便有一座与月山相似的小山丘，形似谷堆，向东一直排布到海滩。

2. 梅枝十景

梅枝田村背山面海，景色清幽，人文蕴藉，从田氏家谱里罗列出来的自然景观有：古洞仙踪、西塘访古、狮刹晨钟、九皋晴霞、曲港渔歌、双溪垂钓、青屿雪浪、灯台夕照、牛山牧歌、七星追月等。前人描述如下：

古洞仙踪

石洞辟嶙岣，剑岩雄峙，药臼犹存，龙湫注雨，禅刹凌云，地幽势阻，人将此处拟鹿门，飘然羽化，跨鹤住蓬瀛。

西塘访古

世事几变迁,昔年沧海,今日桑田,空山古庙,隔垄僧庵,王谢名贤,如今飞尽堂前燕,郎家旧址,荒草忆凄然。

铙峰晓日

磴道出虚空,留云峻岫,插汉高峰,蘋洲宿鹭,荻港栖鸿,蜃气成虹,石佛浴波嵯峨耸,扶桑东望,晓日映丹枫。

灯台夕照

晚景迫斜阳,叟荷樵返,童驱犊忙,已消白昼,渐近黄昏,金乌西坠,三峰倒影入池塘,溪山深处,松月夜生凉。

九皋晴霞

蠡汉丽朝阳,峰回鸟道,径绕羊肠,一天霞起,万丈金光,瑞彩飞扬,天孙织成云锦章,谁通元化,服饵胜琼浆。

青屿雪浪

匹练接蜊江,潮生蛇岛,波撼虹塘,千鲸喷沫,万马怒骧,英雄慷慨,乘风愿破万里浪,三门对峙,天险固重洋。

狮刹晨钟

古刹依狮峰,南朝隐佚,东社禅宗,益娘遗像,太傅芳踪,朝代几更,屈指元明与唐宋,万家清梦,午夜数声钟。

双溪垂钓

好景夜无边,白蘋洲畔,红蓼滩前,莼鲈味美,稻蟹时鲜,生涯攸托,斜风细雨频不厌,绿杨堤畔,一个醉翁眠。

曲港渔歌

曲港抑何奇，风帆上下，沙岛东西，水天一色，岛屿迷离，渔歌唱晚，欸乃声闻二三里，画挠频倚，人在镜中栖。

（二）古树名木

村里现存100—700年古樟和里香王树多株。其中古樟树5棵，最古老的古樟树树龄有700多年，树身参天、树冠如云、树胸盈尺，还有棵"姐妹树"荫福筲箕湾。梅枝上下两村中隔一山，圆坦如月凌顶，二村可遥相呼应，东南可望狮山雄姿，西北隔村与犀牛山对峙，前有连抱古樟一株，干壮枝繁，森森然挺撑如华盖。考其时约崇祯年间，距今360余年。受族人之央，有人亦作七律一首彰其美景：

月阙古樟

不问嫦娥问吴刚，伐桂何时又栽樟。拔地巨株凌霄汉，遮天浓荫御风霜。雄狮浴海听潮音，犀牛卧野望清光。天上人间分二月，樟香桂馥共芬芳。

（三）植物资源

梅枝田植物资源丰富。以前有大片的松树林，后来枯死。现在梅枝田的植物林木主要以宽叶林为主，有苦槠树、栎柴、樟树、梅树、梨树、桃树、杏树、枫树、金（银）桂树、橘树、木荷、枧槭（小叶女贞）等林木，以及水库附近山坡上的一大片藤蔓。

（四）动物资源

梅枝田的动物资源也很丰富，有野猪、山毛兔、黄鼠狼、山鸡、猫头鹰、喜鹊、麻雀、白鹭、穿山甲、豺狗、青蛙以及各种蛇类等。

宁波传统村落田野调查·梅枝田村

三 生产生活

梅枝田村村民除种植蔬菜及水稻等农作物外，林果业也多有发展，特别是大棚西瓜脆甜爽口，又比普通西瓜提前成熟，收入比较可观。目前，梅枝田村建有九亿果园，种植了大量猕猴桃、白枇杷、杨梅等水果。部分村民以养殖水产品为生，目前梅枝田村养殖产品以跳鱼、青蟹、白蟹、对虾、蛏子、珍蚶为主导品种，其中以跳鱼为杰出代表。梅枝田村跳鱼肉质鲜嫩，属高蛋白、低脂肪、高维生素的食品，有"水中人参"之美誉。

（一）农业种植

梅枝田村种植水稻、小麦、玉米、芋艿、土豆、大豆、番薯等，是江南地区典型的以农家日常粮食与菜蔬农作物为主的种植模式，与江南大部分地区的种植方法一样。

传统农耕

梅枝田村山地多，村民从事传统农耕生活。春、夏种早稻与晚稻，到晚稻收割完后，集体烧焦泥灰，为冬种小麦、油菜备足基肥。集体烧焦泥灰的场面十分壮观，成为一道亮丽的生产风景线。另在晚稻收割完毕后，在非种植小麦、油菜的田里撒上紫云英的种子，为春播备足绿肥。自实行家庭联产承包责任制后，随着杂交水稻推广，各户大部分都种单季杂交稻，边远山田大部分荒芜。

耕 田

梅枝田村村民耕田分两大类：一是耕旱田（地），先开大，后以二甩或四甩压成一垄。有的田春季播草籽，到冬季要去耕一犁叫开河大，目的是排水。小的田中间耕一犁，大的田多耕几犁。二是耕水田。春耕开始就要耕水田，对草籽田、荒板田、冬作田要用不同耕法，要看水源的情况，如坑边的进堰田可随便一点，而梯田，也就是靠天田，要耕得特别细致，耙得熟（腐的意思）。犁田时要犁犁靠紧，绝对不能有漏犁现象，要达到犁犁相接、没有犁埂的程度。田要耕得没有犁埂，目的是保持田中水不会流掉。过去的中稻品种差，抗旱性弱，一旦没有水就会严重减产。耕田主要靠耕牛，主要农具是犁、耙、锄头。

种麦

削草、烧灰、耕地、播种，播种时施肥要少。所谓"拉籽一根线，壅麦放重料"。

水稻种植

清明前播种，四月中旬插秧。所谓"种田勿用学，只要插插花，一百廿日收回家"。

番薯种植

梅枝田村家家户户也种植番薯当蔬菜与辅助粮食。种植程序，首先是压番薯：削草、烧灰、耕地、播种、施肥。做番薯埂、压番薯也有讲究，所谓百牙直插，横藤横压。收成后，番薯藤叶作为猪的饲料，番薯一部分用于补充粮食，煮烤当食物，还有晒番薯片、番薯干的，大部分用于制作番薯烧、番薯粉、番薯糖浆、番薯糕等。番薯粉又可加工成番薯面，还可制作成薯粉豆腐，或作为勾芡用料。

其他蔬菜种植

梅枝田村村民在农耕经济时代自给自足，自己种植蔬菜自己吃。蔬菜种类主要有茄子、萝卜、青菜、大白菜、四季豆、黄豆、南瓜等。

（二）水果种植

梅枝田村以猕猴桃、杨梅、橘子、西瓜、白枇杷等水果为主，形成栽培种植业。

梅枝田依山傍海，生态小气候不错，附近山上多火山岩，疏松的沙质土壤肥沃。近几年四季瓜果飘香，村里几个山头都有水果种植，尤以九亿果园四季种植的水果为代表，有红心猕猴桃、宁海白枇杷，还有杨梅、橘子、西瓜等。

1. 猕猴桃树的栽培

选择山区交通便利、光照充足、靠水源、雨量适中、湿度稍大地带，疏松、通气良好的沙质壤土或沙土，或富含腐殖质的疏松土类的丘陵山地为佳。场地确定后，先规划道路、排灌系统以及肥料管理房等，然后规划种植地通气暗沟。猕猴桃适宜在海拔400—1200米的丘陵、山地种植，宜在10—15度坡度的丘陵、山地建园。梅枝田村九亿果园恰巧就建在适合猕猴桃生长的地方。

猕猴桃亩植28—35株为宜，搭棚架、整地、土壤消毒很重要，要及时打顶摘心，预防病虫害。主要病虫害有4种，即立枯病、地老虎、蝼蛄、蛴螬。

猕猴桃多采用平顶大棚架，就地利用原有的小径树做活桩，再加一些可替换的竹木桩，关键部位使用混凝土桩。就地架高1.8米，用10—12号铁丝纵横交叉呈"井"字形网络，铁丝间距60厘米左右。根据猕猴桃品种、计划达到的产量和土壤肥力状况，决定施肥量。种植前，坑槽内每株可一次施入果木肥2.5千克，幼期树采用少量多次施肥法。其后一般每年施肥3次，追肥2次。基肥也即冬肥，在果实采收后施入，每株施有机肥20千克，并混合施入1.5千克磷肥。第一次追肥在萌芽后施入，每株施氮磷钾复合肥2千克，以充实春梢和结果实；第二次在生长旺期前施入，可施入果木肥或复合肥。因猕猴桃的根是肉质根，要在离根稍远处挖浅沟施入化肥并封土，以免引起烧根。旱季施肥后一定要进行灌水，重施基肥，大水大肥，及时灌溉，忌忽干忽湿，以防裂果。冬季重度修剪，及时更新复壮。

红心猕猴桃在结果过程中还有疏果环节，以保证果子不会长得太密太小，然后套上牛皮纸袋子，以防止鸟兽类叮啄。最后的采摘环节，全部都要人工完成。

2. 杨梅的栽培

杨梅亩栽30—40株为宜，栽培时应栽1%—2%雄树以给雌树授粉。1月份休眠期，应剪去病枝，防止树冠积雪，及时清园。一般在6月份可采摘，采摘后应及时补足采后肥料。

林地选择与整地

杨梅喜湿耐阴，树冠大，根系分布广。杨梅园要求建在海拔低于 800 米，坡度小于 45 度，土壤腐殖质层厚，pH 值为 4.5—5.5 的酸性黄壤、红黄壤，且向阴通风，便于集约经营，交通运输方便的山地。丘陵之地，气候条件为亚热带湿润性季风气候，在光辐射较大、热量充分、冬春季积温较高、夏秋降水分布适度偏少的小气候条件下，优质、丰产性更显著。

整地应因地制宜，在 11 月至翌年 3 月定植前完成。坡度较小、坡面平缓的林地，开设环山梯土或梯田挖穴；坡度较大、地形复杂的林地，挖 1 米见方的鱼鳞穴或三角形穴，在以后的抚育中逐步改为窄带形梯土。

定 植

杨梅的定植时间一般在 2 月下旬至 3 月中旬气温已开始转暖时，应选择在阴天或小雨天进行，此时定植单株成活率高。品种应视不同地域进行选择，早、中、晚熟品种合理搭配，适合浙江省栽种的有荸荠和东魁杨梅。选择健壮、根系丰富、无病虫害的优质杨梅嫁接苗，在挖好的穴内填入腐熟厩肥 10—15 千克加焦泥灰 5—10 千克，适度浅栽，然后在植株四周培上小土畦并及时覆土，以免露根。杨梅雌雄异株，定植时需配栽 1%—2% 的雄株作授粉用。

肥水管理

当年林地可间种一年生菜，施药或绿肥，以提高土壤肥效。幼树以速效性肥料为主，氮、磷、钾肥配合施用，常年施肥 2—3 次。成年树一年追肥 2 次，一次在萌芽抽梢前的冬末春初，逐株根施农家肥或过磷酸钙 1—2 千克；或每株施硫酸钾 1 千克加尿素 0.2 千克，或尿素 0.25 千克加焦泥灰 15—20 千克，施后即覆土。第二次是在采果后，占全年施肥量的 50%—55%，按多结果多施肥的原则，逐株在树冠滴水线下开 10—20 厘米的沟，施 0.5—1 千克氮肥，0.3—0.5 千克的磷、钾肥和 30—50 公斤土杂肥覆土。杨梅树的肉质根容易损伤，开沟挖穴时避免伤根。果实发育期还可追施叶面肥，可喷施 0.2%—0.3% 磷酸二氢钾或 0.3% 硫酸钾等 1—2 次。此外，做好土壤改良、排除渍水等工作，确保杨梅的优质、高产。

整形修剪

杨梅树形以自然圆头形为主。幼树的修剪主要是定干造型，培养早实丰产的树体。一般采用"一干三主枝"自然开心形树冠，即对定干后萌发的新梢，选留3—4个生长强健、方位分布均匀、相互间有一定距离（20—30厘米）的枝条作主枝，并在各主枝上选留2—3个副主枝或侧枝，使之分布合理，层次分明，在3—5年内基本形成树冠骨架。成年树的修剪主要是培养丰产的群体结构，调节生长与结果的关系，促进持续、优质、高产，整形修剪分为夏剪（开张角度、摘心、扭梢、抹芽、拉枝、拿枝、刻剥等）、冬剪（疏删、回缩、短截）。

生长与结果的人工调控

抑梢促花保果 对于5年生以上生长势旺盛的未投产树、初结果幼树及生长势旺结果少的成年树，在加强栽培管理的同时，于10月至翌年3月（以11月为适期）土施多效唑。方法为：将树冠投影面积内的土扒开，以见细根为度，将定量的多效唑与30倍左右的细土拌和后均匀撒在树冠下，然后覆土。或在开花前喷800ppm多效唑，抑春梢保花果，终花期喷20—30ppm赤霉素进行化学保果。3月上旬喷0.3%磷酸二氢钾溶液，隔10天喷1次，连喷2次，以提高坐果率。5年生以下的幼树不宜施用。土施只可每隔4—5年进行1次，叶施也要间隔1—2年进行1次。

疏花疏果 一般于2月至3月中旬，对花芽分化过多的大年树，全树均匀短截结果枝1/5—2/5，同时每株施尿素等速效氮0.5—1千克，促发营养梢。或在盛花期用"疏5"200倍液或"疏6"100毫克/千克液进行化学疏花。疏果多在谢花后20天，根据树体挂果数，适量进行，一般是树冠上部多疏少留，下部少疏多留，通常进行2—3次，也可视树势灵活进行。

适时分批采收

杨梅果实成熟期不一致，需分批采收。在全树20%果实成熟时即可开始采摘，一般每天或隔天采1次。以清晨或傍晚采收为宜，避免雨天或雨后初晴时采收。杨梅果实无果皮保护，极易擦伤，应轻采、轻放、轻运。所采果实盛于底部和四周衬有新鲜蕨类或柴草的小竹篮或小竹篓中，随采随装，减少挤压。

每篮（篓）不宜超过5千克，以利于果实完好、新鲜、好销。

病虫害防治

杨梅的抗逆性强，病虫害极少发生。不过，因生态环境变迁及大范围的种苗交流，因地制宜搞好病虫害观察和综合防治也是十分必要的。主要虫害有长白蚧、卷叶蛾和袋蛾类害虫。主要病害有褐斑病、癌肿病等。防治方法：加强栽培管理，增强树势；及时剪除病枝和枯死枝；做好冬季清园，清除落叶和杂草，集中烧毁。药剂防治：癌肿病，可在春、秋两季雨后，先用快刀削除病瘤，然后在伤口涂"402抗菌剂"10—50倍液，或农用链霉素200ppm进行消毒保护，15天后再涂1次；褐斑病，发病初期用50%多菌灵500—600倍液或70%甲基托布津800倍液或65%代森锌600倍液，喷洒树冠，7—10天后再喷1次，连喷2—3次。

3. 大棚西瓜的栽培

梅枝田村一般都用大田直播的方法栽培西瓜，地温在15摄氏度以上为宜，一般在4月中旬，亩植600株为宜。

育苗时间

中熟品种因其生长期长，应提前到12月底至元月初育苗；早熟品种元月中下旬育苗。

采用嫁接育苗 西瓜嫁接育苗，不仅可以解决连作瓜苗易发生枯萎病的问题，而且由于砧木根系发达，前期生长迅速，有利于早熟丰产。嫁接砧木主要有葫芦、南瓜等（各有优缺点），以葫芦砧应用得最为普遍。嫁接方法为插接或靠接。

培育大苗 要培育苗龄为30—40天，具有3—4片真叶的健壮大苗。根据条件可选择在温室或大棚内采用火炕温床、酿热温床、电热温床育苗。要确保苗期床温，抗御寒流低温危害。

大棚准备

大棚要求采用"三膜一苫"栽培模式,要求大棚具有较强的保温能力。适宜的大棚规格为:棚长60米左右,棚内宽15米,棚顶高2.4米。北面设风障挡风保温。选用无滴大棚膜扣大棚,以降低棚内空气湿度,防止水滴。可于定植前半月扣膜烤地,提高地温。

整 地

配方施肥 中等肥力的地块,底肥每100平方米的参考配方施肥量为优质有机肥0.5立方米、复合肥15—20千克、饼肥20—30千克、硼肥150克左右、锌肥150克、钙镁磷肥20—30千克。有机肥要用充分腐熟的纯鸡粪或猪粪,钾肥要用硫酸钾,不能用氯化钾。施用方法:按行距开宽1米、深30厘米的沟,将全部粪肥和70%的化肥分层施入沟内与土混匀,浇水沉实,剩余的化肥在定植时穴施。

做垄 在施肥沟上面起80厘米宽、高15—20厘米的高垄,垄中间开一条12—15厘米宽的浅沟,作灌水沟(软管滴灌可不开沟,将打孔的软管摆放在垄中间),盖1米宽地膜。

定 植

大棚内最低气温稳定在5摄氏度以上,平均气温15摄氏度以上,选晴天上午定植西瓜苗。定植密度:早熟品种采取吊蔓栽培,大行距1.1米,小行距50厘米,株距40厘米,亩栽1400株左右;中熟品种爬地栽培,大行距3.5米,株距40厘米,亩栽500株左右。定植时浇足定植水,栽后及时加盖小拱棚及草苫。

田间管理

温度管理 定植后,白天棚温控制在30—32摄氏度,夜间最低气温不低于16摄氏度。缓苗后棚温可稍低,白天20—25摄氏度,夜间最低气温不低于15摄氏度。进入开花结果期,棚温可适当提高,白天25—28摄氏度,夜间最低不低于17摄氏度。坐瓜后,天气变暖,通风量加大,夜间气温较高时,也必须通风。白天棚温控制在30摄氏度左右,夜间为15—20摄氏度,昼夜温差10—15摄氏度，以利西瓜生长。

通风管理 西瓜缓苗期间棚温比较低，一般不通风，缓苗后开始通风。低温期要从上部通风口放风，严禁扒开膜边从两边通风。高温期仅靠上部通风口降不下温度，就打开中部通风口加强通风。放地面风容易引起病害。

肥水管理 通常西瓜苗定植前造足底墒，定植时又浇足定植水后，缓苗期间不再需要浇水。缓苗后瓜苗开始甩蔓时浇一次水，促瓜生长，之后到结瓜前不再浇水。浇水量不能过大，防止因浇水而导致地温低、空气湿度大。采用膜下暗灌或软管滴灌，可有效控制空气湿度，防止病害发生。结瓜后，当田间大多数植株上的幼瓜长到拳头大小时，开始浇水，以后3—4天浇一次水，明灌与暗灌相结合。采收前7天停止浇水。

合理施肥 施足底肥时，一般只在甩蔓初期结合浇水每株施尿素5克左右，在株旁穴施。坐瓜后结合浇水追第二次肥，每株施三元复合肥20克左右，顺水冲施。当瓜长到碗口大小时，进行第三次追肥，此次追肥以氮肥为主，同时叶面喷0.3%磷酸二氢钾液一次。

整枝 大棚西瓜整枝以二蔓或三蔓为主，去除其余侧蔓，摘除卷须。吊蔓栽培采用二蔓整枝，当蔓长50—60厘米时，将主蔓用绳吊起，侧蔓爬地。

留瓜授粉 大棚西瓜选主蔓11—15节，第二雌花坐瓜，每天上午6—10时人工授粉并做标记。授粉7天后，若生长正常，说明瓜已坐稳，可肥水猛攻，促果实膨大。当瓜重0.5千克时，挂盘悬挂果实。

病虫害防治

大棚西瓜主要病害有炭疽病与白粉病，主要虫害是蚜虫。要加强棚内温湿度管理，最大限度地降低棚内湿度，缩短茎叶结露时间，减少病菌侵入。选用高效低毒农药，使用雾化程度高的药械，少用水剂，多用粉尘剂和烟剂，避免施药频率过高、用药量过大的倾向。

采收上市

大棚西瓜上市早，价格高，效益好。应按照授粉标记，准确判断西瓜成熟期，确保质量，力争早上市。

4. 柑橘的种植

柑橘以亩植50—60株为宜，主要病虫害有疮痂病、溃疡病、树脂病、红蜘蛛、潜叶蛾、天牛、吉丁虫、夜蛾等。

定 植

多在春季和秋季定植 平地果园如水位不高，开浅穴填回肥土并施入基肥后进行定植；如地下水位高，种植前要筑墩或起畦，墩或畦的高低依地下水位而定。定植方法分带土移植和不带土移植，生产上以不带土移植为主，选阴天无大风天定植。定植时，苗木放入植穴后，用定植板或目测校正植株位置。然后将根系理顺，填入细土并用脚踏实，使根系与土壤接触密实，嫁接口应保持土壤沉实后仍露出地面。种后淋足定根水，将植穴培成高15—30厘米、直径60—100厘米的墩，然后树盘盖上杂草。种植后如无下雨，3—4天内每天淋水一次，保持土壤湿润。一个月后可施稀薄水肥，并注意病虫害防治。

土壤管理

丘陵山地柑橘园因丘陵坡地土壤贫瘠、有机质少、酸性强、结构差，肥水易冲刷流失，旱季极易受旱。因此，定植后须做好扩穴压绿、间种、中耕、覆盖、培土等土壤管理工作。平地柑橘园的土壤管理除进行间种、中耕外，着重于培土和排灌系统的修整。

营养与施肥

柑橘的生长发育需要多种营养物质。根据柑橘树不同时期的需要和土壤的肥力状况，进行科学施肥，实现早结、丰产、稳产、优质和长寿，是果园管理的重要工作。

排水与灌溉

根据柑橘物候期对水分的需要、土壤含水量和各地气候条件等因素，决定排水与灌溉时期。

整形修剪

幼树整形修剪 幼树整形是为培养早结、丰产、稳产、长寿的树冠打好基础。

成年结果树的修剪 多数品种树冠内部有一定结果能力,一般采用"短截回缩,压顶除霸,疏外整内"的方法修剪。

衰老树的更新修剪 柑橘由盛果期进入衰老期以后,营养生长极弱,衰老枝组增多,产量下降。更新修剪就是去除树体的衰老部分,促进形成新的树冠,以提高老树的生产能力。

促花保果

促进花芽分化 有些品种在高温高湿情况下常营养生长过旺,需要采取下列措施促进花芽分化:选择具有早结丰产性的砧木;适时放吐秋梢,培养大量健壮的结果母枝;花芽分化期适当控制水分;采用断根、环割、弯枝等技术措施;应用植物生长调节剂;适时分期采果;在10月中下旬施经堆沤的完全肥,秋冬喷磷、钾肥等。

保花保果 针对柑橘落花落果的主要原因(花器发育不正常或受精不良;树体营养不足;夏梢大量抽生与幼果争夺养分和水分;花期或幼果期遇恶劣天气;病虫害严重等)采取措施。保花保果的主要措施是:合理施肥;及时排灌;使用植物生长调节剂;及时防治病虫害等。

(三)牧渔业

1. 牧 业

梅枝田村的畜牧业相较农业并不很突出,主要以各类家畜如狗、羊、牛、猪、毛兔以及鹅、鸡、鸭等放养为主,筲箕湾的山羊放养曾经比较有规模,现在随着树木无人砍伐荒芜、缺乏食物而渐衰。

2. 渔 业

梅枝田村的渔业养殖则比较有规模，以跳鱼、对虾、青蟹、蛏子、毛蚶等水产养殖为主。

跳鱼养殖

跳鱼，即弹涂鱼，是越溪乡包括梅枝田村的水产养殖中的拳头产品。养殖过程要注意清理给排水沟渠、整涂、放养种苗，主要还是防天敌，防止被鸟类吃掉。

弹涂鱼身体长条形，前部略呈圆柱状，后部侧扁；眼位于头部的前上方，突出于头顶，两眼颇接近；腹鳍短且左右愈合成吸盘状；肌肉发达，故可跳出水面运动。雄鱼的肛门乳头略尖，呈长三角形；雌鱼的略扁呈圆形，体呈青蓝色，带有淡色小点星布全身。成鱼体长12—15厘米。

池塘　池塘大小一般以1—15亩为宜，小池塘易管理、易控制，大池塘养殖投料方便。池塘以软黏土底质、判断为行走后脚印还保留为佳，池深40—70厘米。池中央挖十字沟，池沿开出一条环形边缘沟，形成"田"字沟，沟宽70—80厘米，沟深40—70厘米。在进、排水处设置防逃设施，可选用5—10目网布制成，防大弹涂鱼逃跑及有害动物的侵入，有条件可架设顶部围网设施，以防鸟类侵害。

清塘与消毒　放养前先换水，用生石灰对池塘进行消毒，用量40千克/亩，新池塘可适当加量，保持5—30厘米水深，维持2天后排干水，再暴晒2天，可清除其他藻类。清塘或消毒后，进水洗塘，维持塘水pH值7.8—8.5。清除其他小杂鱼可选用茶麸抛撒，用量为5千克/亩。茶麸使用2天后可放苗，放苗最适塘水pH值为7.8—8.0，盐度8‰以上。也可每亩取1—2千克中司农跳鱼饲料抵改菌稀释50倍泼洒，可明显改善水质，效果更好。

投苗与密度　苗种放养时期以气温适宜为前提，通常清明以后可放苗养殖，日温度15摄氏度以上即可投苗，需用苗袋试温4小时以上。投苗密度、放养密度12000—30000尾/亩。

投料　进苗3天内不投料，3天后一天一投，可选用弹涂鱼专用开口料投喂，用量5—7千克/（次·万尾），投料量可根据弹涂鱼生长进度及进食程度适当加减,且饵料尽可能投放在露水面泥浆处,全面撒布均匀。春夏季池沟水位保持40厘米投料;夏秋季尽量降低水位,以20—30厘米水位为宜;秋冬季气温下降,需升高池塘水位,减少投喂量,气温回暖后立即排水换水,及时投料喂养。

旧时用竹筒捕捉弹涂鱼,先将竹筒一个个在滩涂中插好,等到潮水来回的时候,弹涂鱼就一个个钻进人们布置好的陷阱里了。俗语说:"好安稳不安稳,弹涂落竹筒。"然后,人们骑着海马在滩涂上滑行收捕。现在,都是用网来捕捉了。

蛏子养殖

蛏子,学名缢蛏,属软体动物,系瓣鳃纲,真瓣鳃目,竹蛏科,贝壳脆而薄,呈长扁方形,自壳顶到腹缘,有一道斜行的凹沟,故名缢蛏。宁波沿海一带多滩涂,对养殖蛏子有得天独厚的优势,蛏子是宁波大众海鲜特产。宁海长街一带,面临三门湾,常年有大量淡水注入,海水咸淡适宜,饵料丰富,涂质以泥沙为主,因而蛏子生长快,个体大,肉嫩而肥,色白味鲜,故得名长街蛏子。据清《宁海县志》记载:"蛏,蚌属,以田种之谓蛏田,形狭而长如中指,一名西施舌,言其美也。"

蛏子养殖的主要步骤是清理给排水沟渠、整涂,清明前几天放养种苗。

水质水源 选择缢蛏养殖比较广泛的沿海一带的虾池,以自然纳潮为主,进排水方便。海水比重在1.01—1.025之间,水温3—32摄氏度,pH值8.01—8.15,滩面和水质未受到污染。

池塘底质、面积及水深 池塘2个,面积50亩/个,软泥底质,有效水深1.5—2米,蛏埕水位0.8—1.2米,最低40—60厘米,池塘长条形,池中央有高起的滩面。加深加宽虾池的环沟,将环沟内的泥土堆放在虾池的坝基内侧,然后整平,虾池的四周就能形成2—3米宽并向内倾斜的平台,以备放养缢蛏。

蛏田的整理 选择边滩及部分中滩,提前20天耙土,翻耕。底质坚硬的地段需要经过翻土、耙土、平涂等步骤,使土质细腻柔软,有利于缢蛏挖穴潜入。放苗前15天,先用漂白粉60ppm对池塘进行消毒3—5天后将消毒水排出,后用茶籽饼20ppm清塘,目的在于杀死杂鱼、蟹及螺类,这些天敌会吞食缢蛏幼苗。

施肥培饵 播苗前一周左右,经60—80目筛绢网滤纳入新水20—30厘米,亩施鸡粪50千克,繁殖池内基础饵料生物。最后捕捞蛏子的时候,要挖塘翻泥,然后用铁锹把蛏子一个个勾上来。

青蟹养殖

青蟹养殖的主要步骤是清理给排水沟渠、整涂，5—6月份放种苗。

青蟹甲壳呈椭圆形，体扁平、无毛，头胸部发达，双螯强有力。青蟹池一般建在风平浪静、有淡水注入、无污染的内湾，位于中潮线以下有一定倾斜度的沙泥滩涂上，蟹池的水深要求干潮时能保持0.8—1米，面积以2—5亩居多。池堤为三合土或石块、水泥砌成的无坡度的直立堤。若是土堤，则要拦网或插上竹箔，以防止青蟹越堤逃走。

种苗放养时间 青蟹的放养可分两种主要类型：以幼蟹作种苗，从小养到大，要经过从幼蟹到商品蟹的养殖全过程；以大规格的成蟹作种苗，以育肥为目的。在我国南方，一年四季都可放养青蟹，但养成的时间长短不仅受水温、盐度和饵料的影响，而且与种苗规格直接有关。以幼蟹作种苗者，一般需养几个月才能收获；以育肥为目的者，饲养时间一般为20—40天，最快十多天就可收获。在2—3月，青蟹生殖腺发育最快，放养后18天即可收获；4—5月，需饲养20天；5月以后则需20多天才可收获；7—9月间，由于天气炎热、水温过高，蟹的生长不好，而且易死亡；10—12月，水温较低，要放养30—40天才能收获。

放养密度 要根据季节、个体大小、饵料和蟹池等条件来定放养密度。若放养密度过大，因拥挤容易发生互相钳斗的现象，引起伤亡；若放养密度太小，则浪费水体，影响效益。4—8月间，由于气温逐日升高，又是雨季，水温、比重变化较大，易引起青蟹死亡，故放养密度要适当减少。对于150克以上的成蟹，一般每平方米放养4.5只左右。秋季以后至翌年的3月，水温较低、透明度大，可以多放养，每平方米放养6—7.5只为宜。如果是150克以下的小蟹，特别是仅有25—50克的幼蟹，放养密度可适当增大。若是从大眼幼体蜕壳而来的蟹苗，其放养密度可参照虾苗放养密度放养，但放养一段时间后需要分池。为了便于管理，在放养过程中，最好按种苗规格进行放养，一般规定按雌蟹、花蟹、未受精蟹、雄蟹、25—75克的幼蟹和100—150克的小蟹入池饲养。如由于种苗供应不足，不能及时满足放养要求，可以分批放养。

投饵技术 青蟹以肉食性为主，但有时也摄食一些植物性饵料（如海草嫩芽和海藻类等）。用来作为青蟹饵料的有：小型的贝类（如蟹守螺、红肉蓝蛤、中国绿螂、鸭嘴蛤、偏顶蛤、牡蛎或陆地蜗牛等），以及小鱼、小虾、小蟹等。实践证明，用蟹守螺和牡蛎做饵料，饲养效果很好。每年8—10月，蟹守螺很肥，青蟹最爱吃，经常投喂，青蟹的卵巢成熟快，肉肥满，质量好。但一般多采用鱼、贝的混合饵料。各地应根据实际情况，因地制宜地选择饵料种类，并要求饵料新鲜。

投饵量　投饵量的多少和温度等环境条件有密切关系。青蟹在水温18摄氏度以上时，摄食旺盛；到25摄氏度时，达最高峰；水温降至13摄氏度以下时，摄食量大为减少；降到9摄氏度左右时，停止摄食；水温超过30摄氏度时，摄食量也明显降低。据试验，以小鱼为饵料，青蟹在25摄氏度时的摄食量为体重的17%—20%。在投饵前，要检查青蟹对前次投饵的觅食情况，酌情增减饵料。饵料投放过少会影响蟹的生长发育；投放过多则浪费饵料，且易造成水质变坏。

综上所述，应根据季节、天气变化、潮汐等不同情况进行投饵。一般在4—8月间，气候条件较好，蟹的摄食量最大。另外，在大潮期换水后，蟹的摄食量更大，应增加投饵量一倍；如遇雨水过多、池水混浊，蟹不便摄食，可适当减少投饵量；天气闷热时，蟹的食欲也会减弱；天气寒冷、水温降到9摄氏度以下时，可以停止投饵。

根据青蟹多为昼伏夜出觅食的习性，一天应分两次投饵：早晨5点左右投放一次，投放量为一天投饵量的40%左右；晚上7点再投放一次，投饵量为一天投饵量的60%左右。

饵料要投放在池的四周，不能投在池的中央，且要均匀，以免蟹争食引起钳斗而伤亡，还要便于检查饵料的食用情况及进行残饵的清理工作。有的饵料要处理后，才能投放。若用鱼虾作饵料，要求不能变质发臭，以免影响水质和蟹的健康。大鱼要切碎后投放，壳厚的螺或双壳类要打碎壳后才能投放，壳薄的小贝如红肉蓝蛤、短齿蛤、鸭嘴蛤、偏顶蛤、中国绿螂等可投放带壳的活体，这样可避免蟹吃不完而影响水质。

管理措施　饲养期间的管理工作很重要，关系到青蟹的产量和质量。因此，必须要有专人负责、严格管理，以收到好的效果。管理工作主要有如下措施：

首先，要保持适当的水量和良好的水质。水质是否适当和水质的好坏，直接影响青蟹的生活和生长发育。若水量不足，则含氧量低、水温变化大，对蟹的生长不利。为了使青蟹长得好，必须保持足够的水量和良好的水质，因此要勤换水，并控制水位。

换水　一般每隔2—3天换水一次。若天气不好时，可适当延长，但最多不能超过7天，以免水质变坏，影响蟹的生长以致生病死亡。也不需要天天换水，这样反而使水不易澄清，妨碍蟹的摄食。换水要根据潮汐情况，但不要选择中午阳光太强时进行，以免造成新旧水体温差太大，在早晚进行较合适。还要控制进水量，不要太猛，以免增加水的混浊度。换水时，要注意盐度，新注进的海水和原蟹池的水盐度相差不要太大。排水时不要排干，要保持20厘米水位，否则进水后泥浆会把蟹淹没，时间稍长就会使蟹窒息。下雨后，要换水一次，防止水质变坏。

控制水位　根据青蟹的生活习性及其在不同的季节对水深的不同要求，冬季一般在退潮时保持水深30厘米左右，涨潮时保持在1米左右。寒潮来临时，要提高水位。夏天炎热时，水位增至1.5—2米。若放养密度大时，水位还要相应提高。最好在蟹池中投放一些江蓠，既可遮阴，又可改良水质，还可做饵料。

5—9月间，蟹的活动频繁，容易逃走，特别是天气闷热时。所以要经常检查池堤、竹箔（或竹篱笆）、网片，尤其是闸门是否有缺口和漏洞，每收获一次后就要全面检修堤闸一次。

观察投放饵料是否适量和蟹的生长情况以及卵巢的发育程度，并及时清除残饵，以免水质变坏，影响蟹的生长。清除残饵一般在排水时进行，用六齿耙或锄头在有残饵的地方搅拌，将贝壳捞起，让污泥浊水及残饵随水流流出。

天气的突变对青蟹的威胁很大。特别是暴雨，会使池水盐度突变，有时会造成全池蟹都死亡。因此要注意天气的变化情况，最好与当地气象部门经常联系，提前做好准备，控制水位，以保证蟹的正常生活。

收获　青蟹在饵料充足和管理周到的情况下，经20—40天的饲养（指150克以上的蟹苗），可达到最大肥满度。若是交配的雌蟹，卵巢已充满于头胸甲前侧缘，有的在头胸甲后缘、心区、肠区及腹节的基部，都充满卵子，此时即可捕捞上市。根据经验，在头胸甲前侧缘还留有火柴粗的空隙时，收获较合适。如果卵巢成熟过度，蟹容易死亡，不便存放和运输。

青蟹的收获采用轮收轮放的形式，即边收获边放种苗。收获的方法很多，归纳起来可以分为两种：一是利用青蟹在涨潮时集中在闸门附近企图逃走的习性，进行收获；二是在退潮后放干水进行收获。蟹网捕获法：在温暖季节、潮水初涨时，青蟹常逆着潮水游到闸门处，俗称玩水。可根据青蟹这种生活习性，使用蟹网在闸门口进行捕捞。蟹网由木框和网片构成，呈四方形，有一手把，网的大小视闸门的大小而定。这种捕捞法效果较好。蟹笼捕捞法：蟹笼是用竹篾编成，呈长方形，其高度和宽度与闸门的高度和宽度基本相等，涨潮时将蟹笼放在闸门处，然后打开闸板，放水入蟹池，蟹即逆流而来，进入笼中，待蟹笼装满蟹或者平潮后，方可将蟹笼提起，在起笼前要先关好闸板。退潮干池收获法：这种收获法多用于大收获。在退潮时开闸排水，池水排得差不多干时，人下池捕捉，所使用的工具是六齿耙和一个椭圆形的小捞网。操作时，从蟹池的一边开始，将六齿耙顺蟹池慢慢地耙动，遇到蟹时，将蟹捞起，用捞网接住，倒入木桶内，再继续耙动。这种方法效果也较好，但在捕捉时，易被蟹钳伤，要特别小心。旧时，捕蟹要做蟹窝，有俗谚"落脚蟛蜞等现成洞"。现在，蟹与对虾都是用网去捞捕的。

对虾养殖

对虾养殖的主要步骤是清理塘内给排水渠沟，然后清塘、进水，检查清塘后水质量是否达到标准，到5月份放虾苗。

对虾学名东方对虾，又称中国对虾、斑节虾，节肢动物门，甲壳纲，十足目，对虾科，对虾属。对虾个体大，通称大虾。对虾为广温广盐性海产动物，体呈长筒形，左右侧扁，身体分为头、胸和腹部，由20个体节组成；腹部较长，肌肉发达，分节明显。对虾也是我国东南沿海常见的海产养殖品。对虾养殖要经历育苗、选种、培养、病虫害防治等一系列环节。对虾养成技术要点如下：

清池除害 池塘建成或老塘修复后，在拟定放养20天前，要进行清塘。清塘包括清除淤泥、杂藻及动物性敌害生物。

清除敌害生物的方法是：不积水的池塘，在对虾收获后将塘水排干，曝晒一冬，就能达到清除之目的。对于不能排干曝晒的池塘，需用药物清除。常用的药物有茶籽饼、漂白粉、鱼藤精、生石灰等。

饵料生物培养 清除后，就可以进水培育生物饵料。它是对虾放养的基础饵类，具有方法简单、营养价值高、省力又能降低生产成本等优点。一口基础饵料培育好的虾塘，虾苗放养时可半月内不需投饵。

虾苗运输 虾苗运输是否得当，对其成活率的影响很大。运输途中溶解氧和水质是主要影响因素。目前，大多数采用聚乙烯袋充氧运输。这种方法轻便、安全，适合各种工具运送。在容积为 10 升的聚乙烯袋中，装入新鲜海水约 1/4，虾苗约 2 万尾，再充入氧气约 3/4，然后把袋口扎紧，运输时间在 10 小时以内不会有问题，如果将袋放入纸盒内更为安全。虾苗运输注意事项有：装苗不能用育苗池中的育苗水，而应用新鲜海水，另外混浊或已被污染的海水不能用；运苗时间最好安排在清晨或傍晚，避免中午日烈炎热，运输水温最好能控制在与育苗池水温相近，尽量避免超过 20 摄氏度。

放苗 放苗时，要注意虾塘内的理化因子是否适宜虾苗生活。一般 4 月份放养时，水温要稳定在 14 摄氏度以上为好。放苗时，水深以不低于 40 厘米，盐度在 20‰—30‰，pH 值在 7—8.6 为宜。

巡塘观察 虾苗放养后，必须认真巡塘，仔细察看虾塘情况动态和环境因子的变化，以防意外情况发生。巡塘观察的内容主要有：闸门及过滤网是否严密完好，虾的活动、摄食、脱壳是否正常，环境因子的差异是否过大，池水是否有异样气味。

换水 换水是改善虾塘水质条件的一项必需措施，它可以增加水体中的溶解氧，调节盐度、pH 值、水温，防止单胞藻繁殖过密，带走代谢污物，改善环境条件，增加饵料生物，刺激对虾蜕壳等。具体的操作一般是：前期（虾苗投放后半个月内）以添水为主，每天添少量直至虾塘加满；此后每天适量换水，中后期日换水量可增至 30% 左右；后期在正常的情况下，日换水量最好控制在 50% 左右，以免换水量太大时，环境因子差异过大。

投饵 目前，在浙南地区养殖对虾饵料以张网小鱼虾为主，也投部分配合饵料及蛤、螺类等。

据研究表明，对虾的摄食具以下特点：一是对虾中枢神经系统简单，很难形成条件反射，无法利用条件刺激来作为投饵信号；二是对虾的视觉范围和活动范围都不大，它主要是靠嗅觉觅食；三是对虾是用螯足捕获食物，腭足抱持着食物后才经小腭撕碎，大腭的嘴嚼进入胃，所以饵料需有一定形状，不能太细，也不能太大；四是对虾的摄食随蜕壳周期呈规律变化，刚蜕壳的对虾因身体未变硬，不吃任何东西；五是在水质条件好的情况下，健康的对虾在水温 7—32 摄氏度这一适温范围内，摄食量随着水温的升高而增加。因此，投饵时需要根据上述特点和对虾个体大小，来确定投饵量和饵料颗粒的大小。在正常的情况下，投饵料后一小时有 70% 以上的对虾达到饱胃或半饱以上即可。

由于对虾养殖面积不断扩大,加上繁鱼期的休渔管理,在养殖过程中必须采用配合饵料来代替天然饵料。好的配合饵料优点是:能适合不同阶段对虾营养需要,特别是利用蛋白质的互补作用,提高饵料的利用率,减少饵料对水质、底质的污染;减轻病害;便于保存和投喂等。所以在目前病害严重影响对虾养殖业时,专家呼吁要尽量采用配合饵料养殖对虾,能起到防治病害、控制病害的作用。

病害 养殖对虾的病害,可分为生物性病害与非生物性病害两大类。生物性病害包括由杆状病毒、立克次氏体、病原体等所致的病毒性病,由弧菌等所致的细菌性病,由镰刀菌所致的真菌性病,由聚缩虫等所致的原虫性病,由线虫、绦虫等所致的蠕虫性病等。非生物性病害包括营养不良所致的营养性病,由水质恶劣所致的环境因素病,由有害化学物质所致的中毒性病等。

村里规划今后梅枝田村的经济生产发展方向,一是提升第一产业,建设"高效化、特色化、生态化"的农业基地:提高农业渔业种植、养殖的科学水平,增加产量;发展特色农业,加大农特产品生产比例,在现有基础上,大力发展附加值高的猕猴桃、橘子、枇杷等特色农业种植;发展生态观光、生态体验农场,结合旅游开发,形成特色旅游观光体验区。二是优化第二产业,优化现有资源,打造现代农特产品加工基地:优化提升产业能级,巩固优化村庄农业产业的基础条件,保护耕地、林地,大力推进绿色、无公害农特产品种植、加工、销售一条龙发展模式。

(四)文化教育

1.学校变化

梅枝田村崇学风尚历代延续。在1908年清王朝摇摇欲坠时,梅枝田村依然以从容的姿态看待世事变化,在受西学东渐影响的江南乡间,梅枝田村村级完小正式开学。这是宁海县第一家村级完小。筹建小学的资金由当时全村村民集资,总共筹集到200块银圆,另外田氏家田的收益也捐入其中,土地则由村中腾出。当时梅枝田村的族长就定下规矩：凡是小学毕业的人在清明节可分到1两猪肉、12块清明麻糍；而从小学毕业后每上一个学历，这两项福利就可以翻番。这样的激励办法在清朝被民国取代后仍然沿用，激励着当时开始学习新学的村中少年们。到现今，村里还延续着奖学的传统，对考入重点大学的学生每人奖励1000元奖学金。

梅枝田村有田氏家庙，这在宁海较为罕见。古时只有有官爵的家族才有资格建家庙，以此祭拜祖先——最早叫宗庙，唐代始创私庙，宋改为家庙。如此厚遇，足见历代官府对田什将军的景仰和尊重。田氏家庙建于明朝嘉靖年间，忠孝礼义薪火相传。田氏家庙内的左右两侧厢房，当年就是村里的学堂。

1908年后，梅枝田村村级完小规模逐渐扩大，一度承担周边十几个村就学学童的教育任务。后来成为一市区域国民第一小学，并在二十世纪六七十年代进行扩建。在这个小学里，走出了五位黄埔军校的学生。其中，田守中在抗日战争时牺牲，田康阜、石士豪在宁波解放后迁居台湾。如今，小学已不复存在，但学堂旧址已经成为越溪乡中心幼儿园梅枝田分园，小学大门仍然保存着，这两条门柱，让人遥想起往昔求知学子的上学情景。

2. 文化礼堂及现代文化活动

梅枝田村的文化礼堂正在建设中，建筑已经结顶。从过去到现在，梅枝田村的文化活动未因没有场地或时代变迁而中断，反而历久常新。从中华人民共和国成立前延续至今的舞龙舞狮、各自然村一年一度的大戏，直至现代的广场舞、百姓大舞台、送戏下乡等，文化活动之火生生不息。

宁波传统村落田野调查·梅枝田村

四 物质文化遗产

（一）民居建筑

梅枝田村是以田姓为主的一个家族村落，人文内涵积淀深厚，以耕读传家为家风祖训，传承千百年。古宅古迹被时光的河流不断濯洗却未消失，留下了以田氏家庙为中心的系列古民居、古寺庙、古石碾、古桥与古树等遗迹，它们无言地诉说着时代的变迁。

目前，梅枝田村尚保存着明末至民国年代建造的集中成片并较完整的古民宅。比较典型的特色民居有祥下道地、外间道地、朱家道地等，另有吴家道地、筲箕前道地、朱家祠堂、小梅枝祠堂、高堂道地、上屋头道地、前堂道地等古迹。整个古村遗址、水系、街衢循规蹈矩，是一处不可多得的宜居场所。以下详列几所保存相对完好的民居道地。

1. 祥下道地

它是当年黄埔军校毕业生田守中的家院。房子建于清末，大门修于民国初年，面积约有500平方米。祥下道地有两道车门穿堂，中间是15米长的河卵石通道，整个道地坐北朝南。第一道大车门上面有木质门当；第二道大车门下面车门口有一对长方形石户对，一轴书卷式的门头浮雕上嵌着一个瓷盆，里面是鲤鱼跳龙门图案。大门柱子是灰雕。大门横批上书：雅爱吾庐。大门两边对联："座拥犀峰环一角，门迎狮嶂振双铃。"大门两侧则各有两字：物华、靝（天）宝。"雅爱吾庐"是屋主田守中所题刻，对联中"犀峰""狮嶂"都是指宅子周边的景致。道地并不大，两侧楼房保存完好，屋梁上还保留着古朴的雕花，大门门匾上还大书"中外共和"四字。这样的题字在同时期极为罕见，充分显示了民国初年一个见过世面的胸怀大志的黄埔军校生的抱负和情怀，可见田守中的远见卓识和对和平的向往。院子是三合院，正厅7间、外厢3间，约80平方米的天井。正厅廊柱下端变小，基座是圆形的磉石，上面牛腿、雀替都有简单的浮雕，厢房有清秀的格子门窗，外墙两侧都有马头墙，厢房马头墙嵌有石窗，还有鳌头转侧等雕塑，地下排水系统做得合理有序。院子前边的花坛、西边的后花园，体现了书香门第的雅趣。田守中父亲和祖父都是秀才，家风非常纯正。在田守中后人中，其中一个儿子田小福是浙江省优秀种粮大户和第七届全国人民代表大会代表。20世纪80年代，田小福创新土地流转方式，每年承包土地100亩种粮，每年上交国库10万多斤粮食。田小福的7个孩子都是大学毕业生，有几个还是从中国人民大学、西安交通大学、浙江大学等重点高校毕业，其中有3个孩子成了人民教师。如今的祥下道地宅中，仍由田小福的妻子储三聪居住着，她已经70多岁了，她说："当年一家养着7个大学生，非常不容易，但我们觉得宁可自己苦一些，也要让孩子读好书。"言语之间，颇有崇学精神。

2. 朱家道地

建于明末清初，为朱廷辉所建，面积约有1500平方米。朱家道地位于村西著名景观双溪垂钓的西边。走进朱家道地，迎面而来的首先是一道重修过的影壁。据说，门前影壁的作用是避邪气、保安康。飞檐翘角的马头墙、造型活泼的草龙，都在后面隐现。大闾门气势雄伟，由四扇大门组成的。门两边的石凹槽表明曾经的门槛很高，现在为了方便进出，已经卸掉木头门槛了。两边是八字立脚的门柱，下面有砖砌的底座。道地估计有100多平方米，全部用卵石铺设，用的是满山岛的乌石子，组成各种吉祥图案。道地天井的四周边是用石板盖的，排水孔是由石雕镂刻的，很有美学水准，这里可以很清楚地看到地下排水系统的建筑结构。围廊用的石板大概是蛇蟠岛的石板。正厅五间，东西边厢房各四间，窗栅栏都是精美的木雕。朱家道地体现出当年人家的奢华、精致与大气。传说，也有十里红妆故事在此发生。

3. 外间道地

这是一复式串堂大宅深院，由前后进两座四合院组成，建于明末清初，面积约有1500平方米，是民国时期老乡长的住宅。老乡长的儿子田康阜从中央航空学校毕业，为国民党空军，中华人民共和国成立前夕去台湾。外间道地在祥下道地的西边，中华人民共和国成立初曾经做过乡公所的政府所在地。这处大院在防火方面很有特点：大门口桥下原有一个水池，水池上有石板桥，水池是防火用的；两个院落之间有防火墙。后边院落虽然因电线老化遭了火灾，但因为有防火墙，前边院落得以幸存。宽阔的院子逐渐在风雨中倒倾，院门斑驳沧桑，还残留着一部分精美的灰塑木雕。进了院门便是一个宽敞的门楼，有十几平方米面积。里面正厅与东西厢房已经残破不堪，让人感叹时光的飞逝无情。隐约可见两侧飞檐翘角，草龙造型生动鲜活。

4. 新楼下道地

这是田氏族人从下田村迁建过来的，故名"新楼下"，建于民国初年，面积约有1000平方米，房子主人田安官，是国民党宁波警察局官员。新楼下是一处左右并列的复式四合院，也是两个互为一体的大宅深院。

5. 其 他

还有其他几个古迹，规模或形制也值得一提。

吴家道地：建于明末清初，面积约有2000平方米。笪箕前道地：建于民国初年，面积约有200平方米。朱家祠堂：建于明末清初，面积约有2000平方米。小梅枝祠堂：建于明末清初，面积约有2000平方米。高堂道地：建于清末，面积约有600平方米。上屋头道地：建于清末，面积约有600平方米。祥后道地：建于清末，面积约有400平方米。前堂道地：建于民国初年，面积约有200平方米。

古建筑老道地的房主人田守中、田康阜的军人身份表明，历史上叱咤风云的田什将军的武将基因仍在传承。

（二）祠堂、寺庙

梅枝田村的后人通过建祠堂、修族谱、祭祖宗等方式敦宗睦族，以凝聚人心，维系长幼亲疏的血缘关系和尊卑贵贱的社会关系。

梅枝田村周边寺庙林立，其中历史最早的可追溯到晋朝。其中长洋岭一带被人戏称为朝圣之旅，主要古迹景胜与遗址有天灯寺、关帝寺、胡公大殿等寺庙。其他古迹还有瑞福寺、瑞相寺、油盐寺、白鹤庙、田氏家庙、如意庵、圆满庵、香传庵等。其中有四座寺庙被宁海县宗教管理局批准为合法、公开、可从事佛教活动的场所。

1. 田氏家庙

各地农村祠堂数不胜数，但冠以家庙的祠堂却屈指可数，这足以说明历朝历代官府对田什将军的景仰、对田什后代的尊重。家庙和普通的宗祠不一样，古时有官爵者才能建家庙，作为祭祀祖先的场所。上古叫宗庙，唐朝始创私庙，宋改为家庙。田氏家庙建于明朝嘉靖年间，田什将军的荣光延续到迁居此地的田氏一族，田氏家庙从此成为田氏家族精神的统领和支柱。一直以来，每年的清明，田氏家族都要在家庙中祭祖，场面尤其庄严隆重，在这一天回望家族历史，展望新一年的祥和。

上田田氏家庙在浙东乡村可以说是首屈一指。在梅枝田村东首的田氏家庙内，满是岁月痕迹的祠堂在历史长河里依然静享和光同尘的日常。田氏家庙是距今700年的田氏族人为尊宗敬祖而建的祠堂建筑。整体建筑背靠月山，坐东朝西，建筑面积1200平方米，木结构，品字形，中三间大殿，马头墙，南北建两厢，中天井，西戏台。整个家庙集木雕、砖雕、石雕、灰雕为一体，用材粗大，斗拱饰件雕刻古朴大方，梁枋上的彩绘所反映的人物、花鸟、虫鱼和中国古典人物故事等各种内容栩栩如生，有一定的艺术价值。庙前三大门，中间两旁立石鼓，庙外立石旗杆夹。

祠堂门口的旗杆，是中华民族祠堂文化的重要组成部分。在古代，族中人有了功名都要在祠堂门口竖立旗杆，"祭旗""告祖先"庆祝，这种风俗在明清两代最盛。因此，家庙的旗杆是这个家族祖上有功名的标志。旗杆夹是由石底座和两片竖立的长条形石块组成，夹石的尾端雕成笔尾状，夹石中间有两个菱形孔，供竖立旗杆时插进木榫，以固定旗杆。旗杆上有斗形构件，中举人可以置一个"斗"，中进士则置两个"斗"，也有置三个"斗"的，那是中了状元。"斗"寓意文运，主管文运之神魁星，就有"魁星捧斗""魁星踢斗"的造型。斗是古代表示容量的计量工具，一斗有十升，寓意"步步高升"。祭旗仪式鸣铳三响，寓意三科（乡试、会试、殿试）连捷高中。上田祠堂旗杆夹石板"文革"时被拔除，放到街边供村民歇息当凳坐，现今已复原位。

正厅为高平屋硬山顶饰滴水沟檐砖木结构建筑。上厅设鎏金木雕，彩绘隔扇门神龛，神龛供奉田氏列祖列宗神主牌位。祠堂装饰古朴典雅，抬梁下饰木漏雕插拱雀替和彩绘驼峰枋板，梁柱上饰对联，横梁下悬挂历朝历代官府赠送的 8 块匾额，最早的可追溯到清乾隆年间。

古戏台六柱，施藻井，屋顶为歇山翘角、龙吻脊，飞檐翘角，台顶眉沿挂"莫作戏看"横匾。戏台顶部木雕花纹斗拱，插挂威武的狮子，展翅的凤凰，威俊柔美。戏台前梁枋上木雕花纹镶嵌着"福、禄、寿、禧"四字。目前前面戏台部分已拆重建，更加显得高大巍然、精美华丽。

2. 胡公大殿和天灯寺

胡公大殿，位于梅枝田村西北角的长洋岭青蛙山山腰上，依山而建，坐西朝东，背靠石岩，面临深谷。南宋绍兴三十二年（1162）高宗赵构应百姓之请求，用"赫灵"两字作为胡公（胡则）的庙额。从此，百姓对胡公敬若神明，并于每年农历八月十三胡则生日那天，举办各种民俗风情活动，祭拜"胡公大帝"。据此推测长洋岭上的胡公大殿建于南宋。目前，长洋岭上的胡公大殿是宁海所有胡公殿中香火最为旺盛的祈祷之地。

释道合一，是宁海县境内最为典型的宗教共存模式。胡公殿南侧的天灯寺，始建于 20 世纪 80 年代末 90 年代初，坐西朝东，傍山而建，沿中轴线依次为天王殿、大雄宝殿，南侧还有水陆堂、斋堂等，总建筑面积 10000 平方米左右。

寺院东北角，是自 2014 年至 2019 年历时数年新建成的九层石塔华夏塔。寺旁泉水叮咚，松柏秀竹苍翠。登寺远眺，重峦叠嶂，云雾弥漫，仿若置身仙山琼阁之中。

3. 白鹤庙

位于梅枝田村东面，里面供奉的是白鹤大帝赵炳。庙坐西朝东，殿前宽敞，建筑面积约 1500 平方米，建于明朝，道光年间曾大修过一次——据老人介绍，约 30 年大修一次，最后一次是 2010 年。正厅五凤楼 3 开间，硬山顶 2 层楼。沿中轴线经五凤楼、戏台、天井、正厅，左右厢房各 3 间，道地 100 平方米左右。正厅与厢房之间相通的那个小门洞很有意思，造型圆润灵巧，呈椭圆形。正厅面积 100 多平方米，主体部分石柱子都是八角形或方形的，前围廊则用木柱子。

4. 关帝寺

即红庙，位于长洋岭通往水车（城关）的白岩山山路上。现有建筑面积约 2000 平方米。

5. 瑞福寺

建筑面积约 1500 平方米，建于明朝正统年间，1965 年因造水库移到旁边重建。

6. 如意庵

建筑面积约 800 平方米，建于东晋太元十年（385），是越溪一带寺庙的始祖。

7. 瑞相寺和水禄庵

这两处寺庙原有古塔都毁于"文革"期间，目前仅存古塔遗址。

8. 油盐寺

在王干山畔，也在梅枝田村附近，民国时期属梅枝乡。《田氏宗谱》里记载有夏孟长诗歌《游油盐寺有感》。其一曰："油盐故事何人编，犹存古寺无油盐。佛法警人心莫贪，民生活计在勤俭。"其二曰："灵峰岩下古寺幽，正宜隐僧身心修。经罢山门石上座，沧海桑田眼底收。"

（三）古井、古街、石碾

梅枝田村里保存古井几口、习武专用石礅一个、五市街一条、石碾一个。

南宋末年，田均鋠迁居到梅枝田这个山村，并扎根定居。村里逐渐有了饮用的水井、碾米的石碾。其中一口古井在村子的西南角，井水幽深清洌。据说用这井水做的酒特别香甜，来这儿挑水的人也特别多，以前在梅枝田五市街卖木莲冻的人都是在这儿取水的。石碾在村子的东南角，底盘很大，面积约有10平方米，已被列入浙江省文保单位宁海古石碾系列。五市街一条路在梅枝田中心地带，新中国成立前周边还是非常繁华的，卖小猪的、卖海鲜的、卖山货的都从四面八方会集到这里，人来人往，吆喝四起。

（四）牌坊与碑匾

瑞相寺曾经有块碑，后毁于"文革"。长洋岭胡公大殿庙、如意庵、宝剑岩、老庵基等碑记古迹都在。梅枝田村田氏家庙里有块新修的碑记《重修梅枝田氏家庙记》曰："梅枝田氏南梁田什将军之后十四世孙均鋠公于南宋开庆元年（1259）始自宁海广度里迁居梅里，明嘉靖年间建田氏家庙于村前供祭祀议事之用。遂至于今，岁月变迁，家庙年久失修，椽栋蒙尘、柱台朽烂、墙倾顶漏、雨雪俱下，使先人失安享之所，后辈无进祭之地。有感于此，梅枝田村委会议定重修田氏家庙，耗资三百二十六万元，募公币一百万元，村民捐资二百二十余万，于乙未年荷月开工重修，至丁酉年杏月始成。前厢、后殿、戏台、门楼俨然旧貌，横梁、立柱、楹联、匾额熠熠生辉，更立'耕读传家'祖训于北侧，依此训乡人勤于耕作、不误农时，觇童子弟则好学成风。故田氏一脉偏居一隅，而怡然自乐、屈伸自如，有安身立命之本兼匡时济世之志，岂不明哉？是以记（梅枝田村委会，公元二〇一八年四月五日）。"

田氏家庙里有许多古老的匾额。古戏台上有一块"莫作戏看"的匾额,告诫后人戏曲所蕴含的人生寓意。祠堂梁上有"忠英永宅""定国将军""肆其靖之""懿徽纯孝""劲柏霜清""懿行可风"等8块匾额。

宁波传统村落田野调查·梅枝田村

五 非物质文化遗产

（一）工艺技艺

1. 民间工艺

古法酿酒

梅枝田村酿酒工作从农历七八月份就已经开始了。那时，白药的原材料——辣蓼已经铺满了田野。人们把它们收割下来，捣碎制成辣蓼水，加原料，用大麦炒热，或放入米。然后，将炒熟的含辣蓼水的大麦放在竹匾（下铺一层稻草）上面摊平，上盖稻秆等物，保持一定温度，待其发酵制曲。酿发后，再制成一个个白色的圆饼。白药晒干后，为防止被虫子钻孔，还得细致地把一块块饼都碾碎成粉状来保存。这些都是正式酿酒之前的准备工作。

夏末秋初时，开始酿酒。将猕猴桃与白糖打碎搅拌，不放任何添加剂，置于大缸中充分发酵数月，再舀出来与米糠搅拌在一起（据说放米糠是为了快速蒸发），置于蒸桶中以高温蒸汽蒸烧，酒气蒸腾而上，冷凝结露，于导管中溢出，注入陶罐。此法与宁海传统番薯烧酒的工艺大同小异，不同的是番薯烧酒要加自制的中药酒曲发酵，而猕猴桃等水果烧酒不加酒曲，只在酿制时加白糖。这是宁海人在世代传承的番薯烧酒工艺基础上，近些年开始衍生的新果酒蒸烧法。这几年，梅枝田村产猕猴桃较多。100斤猕猴桃，最理想状态下能蒸馏出18至20斤烧酒。猕猴桃酒的成本不低，所以价格也稍高，在市场上不像土烧那样普及。有着祖传酿酒技艺的村民王莲娟等，准备在村里打造酿酒作坊。

捣麻糍

常见的麻糍一般有青麻糍、白麻糍、乌饭麻糍等几种。青麻糍是用山里采来的"野青"草剁碎、捣成的。捣麻糍是重体力活，又讲技巧。麻糍是用纯糯米做的，糯米先用水泡一个晚上，待涨足后淘净、沥干、蒸熟，然后倒进石臼，放入"青"，由两个壮年劳力配合捣揉，一个负责捣，一个负责揉。这期间必须配合默契，否则揉者之手易受伤。由于用来捣麻糍的捣杵有十几斤重，一臼麻糍也有十几斤，所以做的时候，一般都会由几个人轮流着来。等麻糍捣好后，放到案板上，这个时候要先用手慢慢地把它摊开，否则会破坏麻糍的筋，那样吃起来就没有嚼头了。然后撒上松花粉，用擀面杖擀开，再切成合适的大小，这才大功告成。

状元糕制作

状元糕又称隔纱糕，也是梅枝田村的一种特色食品。制作方法是把糯米磨成粉，然后以热水洒泼糯米粉成松软状态，不断调和，然后铺入蒸笼，与红糖层层相间，再以菜刀划切，然后蒸炊成熟。在桌上铺一个大米畚，最后把蒸笼里的状元糕端出来放到桌上米畚里，在糕上面放一个小米畚，翻转过来即可。状元糕松软香甜，别有风味。

2. 生产技艺

风扇车扇谷糠

扬谷机是一种用于去除稻麦壳的风扇车，又称风柜、扇车、飏车、扬车、扬扇、扬谷器。公元前 2 世纪，我国古代劳动人民发明了旋转式扬谷扇车。到 18 世纪初，西方才有了扬谷扇车，比中国晚了 2000 年左右。

旋转式扬谷扇车是使空气流动的机械，以人力为动力源，其功能是将经过舂、碾后的糠、麸或经过脱粒、晾晒后的秕、草除去，是粮食加工的最后工序。旋转式扬谷扇车综合利用流体力学、惯性、杠杆等原理，人为地强制空气流动，在世界农具史上曾是"高新科技"。梅枝田村的农耕传统也保留了古代传统的农耕工具。

犁耙耕耘

犁与耙是两种农具。通常在犁耕后、播种前，进行耙耕。犁耕是深翻土地，耙耕是表土耕作。犁耕经常借助耕牛的力气来进行。以耕读传家立世的梅枝田村，耕作是其主要生产方式。同样用于农耕的，还有锄头、草耙、镰刀等工具。

海马操作

三门湾独特的港湾淤泥质地貌成就了独特的海涂上捕鱼、捉蟹、柯蛏子时普遍使用的交通工具——海马。在梅枝田村海涂上,这也是常用的工具。其原理与雪橇相似,形状类似小木船。据胡家康主编的新版《宁海县交通志》载:"海马,船体由一块松木底板、左右两块杉木墙板,加三道横档构成,堞体上安装70度倾斜的倒U形驾驭把手……渔民双手把握方向,一条腿呈跪姿,另一条腿向后踩蹬涂地,可载50—100千克货物,能在泥泞的涂滩上自如滑行,若滩涂表面有水或在堞船上滑行,速度可达30—50千米/小时。"至今,沿海滩涂上还没有比海马更环保先进的交通工具。

家具加工、髹漆工艺

梅枝田村的家具加工、髹漆工艺等,也是方圆有名的民间工艺。很多工匠都去了西北、东北闯荡,名声远扬。有些工厂规模大效益好,以田学勤等人为手工艺家具加工代表。现在,村里资产雄厚的人大多在北京等地开家具公司,几千万以上资产的不下10家,规模最大的已经有上亿资产。究其根源,梅枝田村的家规祖训起了很大作用。村民们勤劳踏实、诚信为人,基于此,才能不断地把产业做大做强。用于这些行业的工具,有拉锯、卷刨、锤子、榔头、漆刷等等。

3. 其他技能与工具

梅枝田村还有磨豆腐、做梅菜干、晒笋干、制茶叶等传统工艺。传承久远的生产生活技能,在村民经济收入与家庭生活中起着一定作用。与此相关的,有石磨、米畚、竹箩等工具。

4. 特色饮食

日常饮食

主食以稻米为主,薯类、麦类、玉米、豆类为辅。一日三餐,干稀往往因地因时而异。立夏至中秋，农事繁重，力作时上下午各加一餐"点心"，称"接力"。

菜肴叫"下饭"，沿海多海产品，山区多山货，平原兼而有之。梅枝田村人喜食蔬菜与海鲜的干制、腌制品，咸菜、咸鱼、咸肉为居家必备常菜，宴请时，有"六碗""八碗""十二大碗"等规格，不足其数不成席。

风味食品

以米粉、麦粉制作者为主。

水浸糕。以粳米粉蒸熟捣揉制作成条状称"年糕"，以糯米蒸熟捣制成块状或厚片状者称"麻糍"。

米面。大米粉蒸熟后，捣块压挤成丝，晒干后可久藏，又称"面干"。

豆面。以番薯为淀粉，搓揉成熟后，以麻孔漏碗挤压成形，入沸汤烧熟，经凉水冷却，阴干再晒干，青绿有光泽，滑润可口；和作料汤煮，称"豆面羹"。又可作小吃，称"豆面碎"。天寒时，加辣热食最佳。

猪肉麦饼。以肉糜为馅，入锅以少许油煎，也有不和油者，香软可口。

汤包。近似多肉馄饨，又如饺子而皮薄。作料先炒，可煎可蒸，也可汤煮。

光饼。扁圆形小麦饼，加糖少量，炉烘胖发，半脆半软，可口而易于保存。中有小孔可以串绳，便于携带，俗称"肚脐饼"。

鱼面。以净鱼肉蘸淀粉捶制，贴锅以文火烙熟，切丝成面。

豆腐圆。将豆腐以刀压捻，分成小圆，蘸淀粉，汤煮并加作料，鲜美滑软。

蛋清羊尾。豆沙成圆，蘸淀粉，外挂蛋清泡沫，油炸而成，外撒白糖，色泽金黄，外脆里嫩，甜香可口。

糟羹。先将多种菜蔬作料烧熟，以米粉浆或薯粉浆徐徐加入，以米粉浆制作者最为正宗，为元宵节食品。

乌饭麻糍。春夏之交，采乌饭嫩叶（俗称乌饭脑）捣汁，和糯米蒸捣而成，外沾松花，色香味俱佳。

漾糕。以米浆粉或小麦浆粉发酵蒸制。形大如笼，吃时随意分切，松软可口。

灰青糕。以芝麻秆或清白稻草烧灰漉汁，浸入早米，经宿磨浆，舀上蒸笼，每炊熟一层，再泼炊一层，至八九层。厚寸许，色浅绿，用竹片划食，加红糖汁、薄荷水等，软滑微香，为夏令凉食。

重阳糕。又称糯米糖糕。在糯米粉中层层嵌入红糖，外层四周嵌板栗，笼蒸而成。

炒圆。实心糯米圆与麦面加作料合炒者称"炒圆"。

糕软。以热水洒泼糯米粉成松软状态,铺入蒸笼,与红糖层层相间,再以菜刀划切,然后蒸炊。松软香甜,别有风味。

麦饼筒。以麦粉糊摊成薄饼皮,饼中裹多种荤素菜肴,卷成筒形,现卷现食,也可油煎。

四盆八碗。梅枝田村的"四盆八碗"是村民们自古以来婚丧寿喜、进住分家、立业祭祀等大事时用来招待亲朋好友的传统美食,寓意四平八稳。有花生过老酒、三宝炒小炒、醉虾烩蟹酱、白玉跳鱼羹四盆,以及吉庆五花肉、东海三黄鱼、望潮爊大肉、海鲜鱼胶汤、八宝红焖鸡、八仙过小海、狮子滚绣球、下饭杂咸鲞等八碗。

5. 民间表演与游戏

在梅枝田村,一直流行着民间舞龙舞狮、民间乐队、婚丧喜事吹奏等。梅枝田村原来的京剧班子表演水平较高,尤其闻名。有个叫俞富女的花旦,声音高亢、嘹亮,深受大家喜欢。还有个叫陈模才的花旦平时结结巴巴,但是唱起戏来一点都不结巴。后来,随着承包责任制的实施,大家都忙起来,各奔东西,京剧班子就逐渐散了。

梅枝田村的民间儿童游戏比较丰富,比如躲猫猫、老鹰抓小鸡、抓土匪、五步棋、军棋、象棋、围棋、跳绳、踢毽子,以及在水库进行游泳比赛等。

(二)民俗风情

1. 传统节日

宁海的风俗是中华风俗的一部分,它既与全国各地的风俗基本同一,又有自身一定的地域特色。其同一性,源于与中原文化的长期、全面的交流与融合;

其特殊性，源于宁海自身的自然环境以及历史、社会等多方面因素。

梅枝田村村民以田姓为主，有据可考的祖先是田什将军，而且宗族传承脉络清晰。清光绪《宁海县志》卷十一记载："田什，陕西凤翔人，梁太清间授殿前将军，封武冈侯。"据此，宁海及梅枝田村的风俗文化的形成，同田什带来的陕西风俗是密不可分的。主要节庆习俗如下：

立 春

立春是二十四节气中的第一个节气。是日正时，先放鞭炮，在门口燃春柴（带叶樟枝），并引入室内，特别是在猪、牛栏前燎烧，称"立春"，被认为可以助阳气、除阴湿，为古代柴火燎祭的遗俗。梅枝田村有"茹春"的习俗，以青菜做春饼，或以生青菜做春盘；也有妇女生吃萝卜，称"咬春"，以为可消春困。

元宵节

梅枝田村跟宁海其他地方一样，元宵过十四不过十五，俗称"十四夜"。是日，各家折樟树枝插门口以"辟邪"；晚上，则烧樟树枝叶"噼啪"作响，称"燀址界"，以除"晦气"、图吉利；晚餐有吃汤包等习惯，极富宁海地方特色。"燀址界"具体的做法是：早晨将樟树枝叶折来，插在门首，说是"压瘴气"。黄昏，一人手持樟树枝叶和易燃的草把点着火，在一股清香气中，沿着家里旮旯走，另一人拿一把扫帚跟在后面扫，嘴里反复地念："燀址界，燀址界。樟树梗，银子哗哗响；樟树叶，银子叠打叠；金银财宝燀进界，腌臜晦气燀出界。"

二月初二中和节

民谚称："二月二，百样种子好落地。"农村食火煨粽，而且要给家中主要劳力的当家男子先吃，以为可以助阳气，终年不怕淋冷雨。还要吃年糕，民谚称："二月二，龙抬头，家家户户咬糕头。"妇女忌动针线，以防伤"龙目"。

清明节

每年清明节，梅枝田田氏家族都要在家庙中祭祖，场面庄严隆重。几百年来，田氏家庙一直是田氏家族精神的统领和支柱。村里有非常隆重的祭祖仪式，各族各房的子孙回乡来祭扫先祖坟墓，在田氏家庙参加祭祀大典。他们三叩九拜上香，读祭文叩谢等。族人通过建祠堂、修族谱、祭祖宗（梅枝田村年年清明上太公坟，是"全村朝圣"的节日）等方式敦宗睦族，以凝聚人心，维系长幼亲疏的血缘关系和尊卑贵贱的社会关系。

2017年的清明尤为隆重。"一躬首，二躬首，三躬首……"随着长辈的指令，在新修缮的田氏家庙里，村民们恭敬地叩首跪拜他们的先祖，开始了隆重传统的祭祖仪式。这是梅枝田村清明祭祖叩礼的场景。

当天，他们先去各祖坟祭扫。上坟时，必须在拜坛的左侧供当方的土地，阳间的"经"念在纸上烧给亡魂，在阴曹就可以作货币使用。上坟后，还要在家里做家祭，祭神是三行三盘，祭鬼是四行四盘。古语说，神三、鬼四、东荤、西素。祭品有麻糍、带鳞片的鱼、肋条猪肉、春笋、鸡蛋、大葱、豆腐、豆芽、香烛、纸幡等。

2017年的清明日，因田氏家庙重修、新庙启动，之前两天还有梅枝田村家庙隆重的开台戏及舞龙舞狮等表演。

"奉祖宗一炷清香，必诚必敬；教子孙两条正路，宜耕宜读。"这是清明节承传祖训家规的重要意义。

三月三

民间有在三月三那天，搬到室外或天井做饭、到野外吃饭的习俗。在三月青黄不接的季节里，大家都饥一顿，饱一顿。初三那天的天下饭，是用糯米和咸肉煮的，喷香扑鼻，平常是吃不到的。大家认为，吃了天下饭能使自己家人改变处境，举事有利，事业发展顺利，有德之人能登高位、吉祥如意，读书之人能中状元、进士及第，所以百姓牢记此日。

四月初八

当地以此日为牛生日，要捣乌饭麻糍。旧俗以乌桐叶渍水浴洗牛身，以彩花布挂饰牛角、牛头，并以鸡蛋、黄酒、乌饭麻糍等喂牛，为牛补力，待如上宾。此俗实有备耕之意。有些地方发展成具有农耕文化的农耕节。农谚有"四月八，麻糍乌塌塌"。这一天，耕牛停耕，农民用嫩草、饭团、鸡蛋喂牛，用竹管削成斜口插到牛嘴巴里，喂牛喝黄酒，以示敬意。主人家还要准备三盘福礼——猪肉、豆腐、乌饭麻糍，请男主人提到牛栏前祭祀，请牛栏神明保佑自家的牲畜健壮。

接着,就要准备春耕。现在农家很少有养牛的,但捣乌饭麻糍的习俗一直流传着。本地人家都要摘乌饭树叶,捣制出汁水,糯米浸在汁水中,再蒸捣成乌饭麻糍。商家也用乌饭汁和糯米粉做成糕点,在四月初八出售。吃用乌饭汁做的食品有助于延年益寿。

端午节

端午节为每年农历五月初五,在春秋之前端午节是祛病防疫的节日,后因爱国诗人屈原在此日殉国明志,而演变成人们祭奠屈原以及缅怀华夏民族高洁情怀的节日,沿袭至今。端午节有吃粽子,挂菖蒲、蒿草、艾叶,喝雄黄酒等习俗。端午节为国家法定节假日之一,并被列入世界非物质文化遗产名录。

立夏日

春夏收种之交,民俗讲究立夏日进补以增强体质,防罹"疰夏"。吃鸡蛋,以为可以健脚骨;吃青梅,以为可以防腰酸;吃桂圆,以为可以明目;称体重,以便及时发现体质变化。嫩苎麻叶煮烂捣浆和麦粉做薄饼皮制作"麦饼筒"以为节日食品,俗称"醉夏无麦饼,白碌做世人"。

关帝爷生日

农历五月十三,被称为关帝爷生日,梅枝田村附近有五六百人都来梅枝田村关帝庙集会,规模宏大。周边百姓信众都在此祭祀吃素斋,一年一度,隆重热闹。

保　稻

庄稼成熟时,村民们备福礼至田头祭田公田婆。约在早稻开镰前半月,合村齐集,酬神祈丰,并重申禁偷谷物公约,称"保稻"。

七月半

七月半也即中元节,俗称鬼节,佛教称为盂兰盆节。中元节一般在农历七月十五,部分地区在七月十四。它原是小秋,有若干农作物成熟。民间按例要祀祖,用新米等祭供,向祖先报告秋成。因此每到中元节,家家设席祭祀祖先,供奉时行礼如仪。

中秋节

中秋节自古便有祭月、赏月、吃月饼、赏桂花、饮桂花酒等习俗。中秋节以月之圆兆人之团圆，寄托思念故乡、思念亲人之情，祈盼丰收、幸福。宁海人以八月十六为中秋节，除了有传统的吃月饼、团聚等习俗，在宁海及梅枝田村还有白鹤大帝庙会与社戏，有"白鹤送城隍"等习俗传说。因为梅枝田村的白鹤庙几乎是宁海最大的白鹤庙，所以节庆规模也比较大，仪式比较隆重，近几年不太作兴。

重阳节

九月九重阳节，民间在该日有登高的风俗，所以重阳节又称"登高节"。九月初九的"九九"谐音是"久久"，有长久之意，所以常在此日祭祖与推行敬老活动。重阳节与除夕、清明节、中元节是中国传统节日里祭祖的四大节日。只是近年来，人们出于对老人的尊重，又将此节日称为老人节。2012年12月28日，法律明确每年农历九月初九为老年节。

冬至日

"冬至"又称为"至节"，因为它是"阴极之至"，是"阳气始至"，也是"日行南至"的节日。冬至过后，新年就在眼前，所以又有"冬节大如年"的说法，意思是说冬至的礼俗和年节相差无几。自古以来，虽然冬至（至日）不是年节，但人们习惯把冬至看成"节气年"的分界点。因为冬至日这一天昼最短，夜最长，此后便是夜渐短，昼渐长，阴消阳长，新的一个节气年又开始了。冬至节，古来有吃冬至糯米圆的习俗。宁海梅枝田村也有，或用糯米搓揉成圆圆的加馅料的甜汤圆、红豆汤圆，或用实心糯米圆与麦面加肉片、笋丝等作料合炒称"炒圆"等。

谢　年

八仙桌放置在厅堂大门边，按照横神佛、直祖宗的风俗习惯，以三牲五鼎之礼，面向室外遥空祭祀。何谓三牲？即：猪头或肋条肉；全鸡（公鸡）呈昂首状跪在祭盘中，鸡头朝外，熟鸡血和内脏各放一边；活的鲤鱼一条悬挂于龙门架上，系上红布或红纸，祭完须放生。

五牲在前面三牲的基础上加羊头和全鹅，意曰祥和。五鼎是指花生、黄豆芽、芋艿、香干、千腐，另加一盘豆腐、一盘盐、单数年糕，放三杯茶、两碗饭、十二盅酒，供桌下横头放上香炉和烛台，一般用红烛书写着金玉满堂、五谷丰登之类字样。

福礼准备完毕，家庭男主人便在左右烛台上挂上纸做的大元宝，点燃香烛。全家男丁按年龄辈分行三跪九拜大礼，朝外祭拜。酒过三巡，男主人焚烧纸钱，然后在火堆上放一点茶叶和酒，表示送神。祭祀仪式就此结束，鸣炮。

胡公生日

农历八月十三，是胡公的诞辰。"七十二个胡公上方岩"，指的是各处的信徒组织起来上方岩祭祀"迎案"，为胡公祝贺生日，形成了独特的胡公庙会。梅枝田人就在长洋岭天灯寺旁胡公殿里祭祀。胡公，民间尊称为"胡公大帝"，故老相传灵验得很，"有祷无不答，有求无不应"。胡公信仰，已覆盖绍、台、温处诸郡，公庙以千计。作为一个地方神，能具有如此影响力，不仅堪称江南之最，便是以全国来说，也是少有的。甚至连毛泽东都知道永康方岩有这么一个"胡公大帝"，他说："胡公大帝不是神，不是佛，而是人。他姓胡名则，是北宋时的一个清官，为人民做了很多好事。人民纪念他，所以香火长盛不衰。"胡公一生最大的惠政，在于奏请免除江南各地的身丁钱——最终诏令永免了衢、婺二州，百姓感佩，遂于其少时读书之地方岩山立庙祭祀。相传胡公甚灵验，并曾于北宋末年的战乱中显圣，于是此后香火日盛，逐渐形成了独特的胡公信仰。

2. 民间信仰

白鹤大帝赵炳

梅枝田村东有个规模宏大、县里数一数二的白鹤庙。白鹤大帝赵炳是该村及附近百姓供奉的民间信仰。据《后汉书·方术列传》载，赵炳，字公阿，东阳（今金华）人，善越方（方术）。他是东汉时期的道士、医学家。赵炳不仅因为善施禁术而在当时很有名，而且在后世也声名远播。晋代的葛洪就说，他禁人时人就站不起来；禁老虎时老虎就趴在地上"低头闭目"，任凭人们去捆绑它；还能把大铁钉敲入木柱子一尺来深，再用禁术对着它吹口气，铁钉就会像箭一样从柱子里射出来。《异苑》中也说，他对着一盆水施展禁术，吹口气，水中便现出鱼和龙来。此等方术令人望尘莫及。而其方术用于济世救人、造福百姓，其精神影响至今。

白鹤大帝在台州等地香火很好，而且江河海上行船之人都普遍崇尚白鹤大帝。仅台州境内，凡称白鹤殿、白鹤庙、灵康庙、灵康祠、灵康行祠、赵侯祠、赵侯行祠者，都是供奉白鹤大帝赵炳的祠庙。台州境内临海市河头镇的南山庙、永丰镇的石鼓村白鹤大帝行宫、永丰镇房前行政村的龙翔庙等地，都有白鹤殿。而在天台，也有以白鹤大帝取名的白鹤镇。虽然当地白鹤殿的大殿已于1992年拆除，但白鹤大帝的信仰经久不衰。其实，在台州，白鹤大帝信仰早已融入百姓的生活之中。作为沿海地带最早的保护神，人们经常向他祷祝祈福，以沾神恩。

胡公大帝胡则

梅枝田村附近长洋岭上有胡公大殿，为人们求财之地，香火甚旺。胡公名胡则，初名厕，字子正，浙江金华永康人，是北宋时的一位清官，曾受到毛泽东主席的赞扬，杭州狮峰山附近的胡公庙便是根据他的传说而建的。胡则于宋太宗端拱二年（989）登进士。及第时，宋太宗御笔削去厂，赐名为则。为婺州有史以来第一个取得进士功名的文人。在他浮沉宦海的47年中，逮事三朝，十握州符，六持使节，选曹计省，历践要途，是北宋前期政坛一位中高级官吏。在他任官期间，宽刑薄赋，清正廉明，颇有政绩，尤其于明道元年直言极谏，要求皇上免除衢、婺两州百姓身丁钱，百姓感恩，遂于方岩山顶立庙以纪念他。公元1162年，宋高宗赵构应百姓之请求，用"赫灵"两字作为胡公的庙额。从此，胡公被百姓敬若神明，成了"有求必应"的活菩萨。每年农历八月十三胡则生日那天，百姓举办各种民俗风情活动，以祭拜胡公大帝。在梅枝田村，那天的胡公殿也是热闹非常。胡则一生做了40多年官，历任太宗、真宗、仁宗三朝，先后知浔州、睦州、温州、福州、杭州、陈州，任户部员外郎、礼部郎中、工部侍郎、兵部侍郎等官职，力仁政、宽刑狱、减赋税、除弊端。

灶神灶司爷

　　民间百姓朝暮相处的最亲近的俗神，就是灶神灶司爷，亦称五帝灶君、南方赤帝灶君、西方白帝灶君、北方黑帝灶君、中央黄帝灶君。梅枝田村同全县各村一样，家家户户也供奉灶司爷。有灶联曰："代天司监察，帷善赐祯祥。""上天言好事，下界报平安。"这已说明灶司爷的官职虽小，地位也不高，但他能代表天上的玉皇大帝，监察一个个凡间家庭的言行，汇报时说好说坏，或者肯不肯替这个家庭向玉帝讨赐一点祯祥，这是他的特权，可惹不起。老百姓对灶司爷非常敬畏，如在家与人交谈时，总带上一句"灶司老爷知道"，以证自己的言行真实可信。

　　祭灶神的规格也比较高，祭灶时间一般是农历腊月二十三。大户人家有全猪、全羊，一般农户则用水果、糖果之类的供品。一盘清水草豆不可少，这是为灶爷坐骑的马儿备用的食料，有的人家则在灶爷像上抹一下蜂蜜，目的都是希望灶爷为自家多讲好话。祭礼结束之后，要将供奉一年的灶像取下来，和冥币纸元宝之类一起焚化，就算把灶神送上天庭了。灶神在天庭办完事之后，还要回到人间继续行使监督之责，除夕夜就是灶神回来的时候。这时，人们就要举行仪式，每户都备下酒菜，诚心敬香，迎接劳累的灶神，还要在灶的上方新贴一张灶神像。这才表示新年已经开始，灶神也要继续工作。这是新一年的"管家爷"，还要用红纸包给灶神"压岁钱"。

　　另外，农历八月初二是灶神寿诞，凡学厨师手艺者都要在这天焚香祭灶神，学徒出师办谢师宴也一般选择在这一天，总之对灶神尊重有加。一般家庭都要点香插烛，烧几碗荤素菜肴来祭祀，说几句好话，请灶神保佑家庭人口平安，六畜兴旺。每逢稻黄麦熟，新粮制成食品时，家庭第一次吃叫"尝新"，但必须先将这物取点来放到灶爷面前，请神先尝，方可自食。冬至吃甜圆时，灶司爷尝的是白圆，即不蘸红糖、细豆粉。据说，凡灶司爷尝过的食物，不能让小孩吃，吃了会变得不聪明和健忘，只能由家庭长辈（老人）吃，他们聪明不聪明已经不重要了，反正都是待在家里，闲着无事。娶媳妇时，将女方的八字年庚帖压在灶司爷前，如若三日内平安，可算吉祥。否则，这段姻缘就结不成。灶司爷的图像叫灶王码，一般都是木刻单线印刷，然后用笔彩画。

关帝爷关羽

关帝，又称关圣帝君。在广大信众的心目中，关圣帝君是一位武财神。宁海县梅枝田村也有供奉，专门建有关帝庙。历史上，关圣帝君实有其人。据《三国志》记载：关羽，字云长，生于山西运城常平村，于灵帝光和元年娶胡氏。关羽仪表威武，武艺超群。东汉末年天下大乱，他投奔刘备，与刘备、张飞结拜为三兄弟，起兵争雄。刘备建立蜀国，关羽守襄阳、定益州、督江陵，被封为前将军，攻打曹仁，威震一时。建安二十四年冬，孙权用吕蒙计袭击荆州，关羽镇守荆州，因一时骄傲轻敌，兵败走麦城，被孙权部下所俘，蒙难于章乡（今湖北当阳市北）。孙权将关羽父子首级献给曹操。因关羽曾经被曹操拜为偏将，深受礼遇，关羽杀袁绍将领颜良以报曹操恩德，所以曹操刻沉香木为躯，厚葬于洛阳。孙权只好以侯礼将其身躯葬于当阳。后主景耀三年，追封壮缪侯。《三国演义》将关羽的这段故事描述得淋漓尽致，乃至家喻户晓。千百年来，集忠孝节义于一身的关羽在人们心目中的地位是很高的，他勇猛、讲义气、忠贞不贰的形象已经是不可改变的了，早已具备了被神化的条件。

对关公的信仰，始于南北朝光大年间，当阳县玉泉山首建关公庙。这不仅是封建统治阶级对关公褒扬喝彩的产物，更是百姓精神生活的需要。统治阶级从封建道德的角度大肆宣扬关公的忠孝节义，使关公信仰在不太长的历史时间里蓬勃发展，主要表现在庙宇增多，达数十万座，关公的封号也不断加多。

隋朝时，出现了大量的有关关公的神仙故事。到了唐朝，关公庙增加，文人墨客诗文或碑帖中常提及关公，并开始出现在家中悬挂关公神像的现象。宋代时，被封为"显灵王""忠惠公""崇宁真君""胎烈武安王""义勇武安王""壮缪义勇王""英济王"。元朝时，被封为"显灵义勇武安英济王"。明万历十八年被封为"协天护国忠义帝"，四十二年被封为"三界伏魔大帝神威远镇天尊关圣帝君"。到了清代，清统治阶级认为自己能入主中原是得到了关公的神佑，所以，光绪皇帝特封关羽为"忠义神武灵佑仁勇威显护国保民精城绥靖翊赞宣德关圣大帝"。民国时期，有的地方将关羽与岳飞合祀于武庙。

关帝信仰涉及各行各业。有的学者说，南北朝至唐朝是关帝信仰的形成期，宋元是发展期，明朝是盛行期，清朝是鼎盛期。其影响可与尊孔相比，毫不逊色。全国关帝庙多如牛毛，何止万千。清乾隆时期，仅北京就有两百多座。在民间，关公是位武财神，也是保护商贾之神。又说关帝庙里抽的签最灵验，不少文人吟诗推波助澜。现在，关帝信仰又进入了新的阶段，供神的场所除了道教宫观，还有佛教场所，商业场所乃至家中都可以看到各色各样的关公神像。海外有华侨的地方大多供有关帝，他是义气的象征，更是保护神和财神。

城隍爷田什将军

相传，梅枝田村的田氏始祖田什将军，曾被尊为宁海县城城隍庙的城隍爷。中国大部分城市都有城隍庙。城隍作为中华民族宗教文化中普遍崇祀的重要神祇之一，大多由有功于地方民众的名臣英雄充当，是中国民间和道教信奉的守护城池之神。城原指挖土筑的高墙，隍原指没有水的护城壕。古人造城是为了保护城内百姓的安全，所以修了高大的城墙、城楼、城门以及护城壕、护城河。

城隍爷主管当地水旱疾疫及阴司。他是冥界的地方官，职权相当于阳界的市长。因此城隍就跟城市相关，并随城市的发展而发展。城隍是产生于古代祭祀而经道教发展的地方守护神。城隍本指护城河，班固《两都赋序》："京师修宫室，浚城隍。"祭祀城隍神的例规形成于南北朝时。唐宋时，城隍神信仰滋盛。宋代列为国家祀典。元代封之为佑圣王。明初，大封天下城隍神爵位，分为王、公、侯、伯四等，岁时祭祀，分别由国王及府州县守令主之。明太祖此举之意，"以鉴察民之善恶而祸福之，俾幽明举不得幸免"。城隍的职责是掌管生人死人户籍，守护一方，为一方百姓记下善恶功过。在道教科仪法事时，召请亡魂前，会给城隍发牒，通知城隍派鬼卒押解亡魂到坛场施食超度。城隍由护卫神变为阴界监察系统，道教因之而称城隍神职司为剪除凶逆、领治亡魂等。

明太祖朱元璋做了皇帝后，对土地公公及其上级城隍爷极为推崇爱戴。他下旨京城和几个大城市的城隍爷的神职为王，职位为正一品；各府、州、县城隍爷的神职分别为公、侯、伯，从而与当地的官署衙门同等级别，使城隍庙兴旺起来。其职能有别，如守护神守护城池、国家；司法神主管生人亡灵、奖善罚恶、生死祸福和增进幸福利益等等。

城隍在明清以后，成为一个神的官职，而不是一尊神明。都城隍为省级行政区所奉祀，相当于阴间的巡抚；府城隍相当于阴间的知府；县城隍相当于阴间的县令。各地的城隍由不同的人出任，甚至是由当地的老百姓自行选出，选择的标准是殉国而死的忠烈之士，或是符合儒家标准正直聪明的历史人物。古代教人做官的黄六鸿在《福惠全书》中写道："新县官莅境，'于上任前一日，或前三日至城隍庙斋宿'，以便在梦中请教境内是否有悬而未决的冤案。"有些神明虽不称城隍，但却有城隍的性质与职能。如福建省泉州市惠安县的青山王，其庙就配奉有判官、诸司、范谢将军等。

宁海田什将军不但在史书上有记载，在宁海还充当着"剪凶除恶、护国保邦"之神，在梁皇寺里被供奉，又是宁海城隍庙的主宰、宁海冥界最高行政长官，被称为宁海人的"虚空"，可以管顾百姓生活。在宁海城里，纪念田将军的历史遗迹很多，举不胜举。宁海老百姓为田将军树碑立传，以各种方式纪念他，表明了田将军在百姓心目中的重要位置。

3. 人生礼俗

婚嫁礼俗

议亲（下聘） 在生产落后、人与人交往不多的年代，小伙子和姑娘的接触较少，山村里青年们婚姻的联结，多数靠媒人生花巧舌合成。

首先是议亲，由媒人受一方的委托，穿梭于男女双方的家庭，介绍对方的人品，夸耀对方的财富。双方通过媒人的介绍，有了初步的意向，就择日相亲。

到了选定的日子，姑娘由媒人和母亲或亲友陪伴，到男方的家庭去观察，这是极有影响的行动。在封建社会，这一见钟情式的恋爱方式，只有小户人家的女儿才能享受到。

男方的家庭如能留得客人们坐下来，高高兴兴地喝酒，那么，这门亲事就可以进入下一阶段。

女方的目的是相亲，是为了证实媒人的语言，除了看人样貌，还要看房屋有几间，家具齐不齐，牲畜有几头，甚至要到田地去遛遛。

下定（行聘） 先由男方请媒人说合，女方暗地同意，双方拿到年庚八字再请阴阳先生（算命先生）合婚，看看是否可以婚配。或者去问菩萨，如果说不好就不算数了，问菩萨纯属迷信，但在这个问题上还是有很多人相信。也有人不找阴阳先生，问菩萨用另一种办法，把双方的年庚、八字写在红纸上放在灶司爷的座下，如果三日内家中平安无事、万事如意，就是美满姻缘。

俗话讲："媒做不成，酒吃千坛。"就是指这个时候，作为双方代理人的媒人，积极地奔走在男女双方的家庭，讨论聘金、首饰、衣服多少及下定时的小担（行聘时供女方宴请长辈的酒席）、送长辈的裹包（每对糖霜2斤、桂圆或荔枝2斤）的数量（视女方的近亲长辈的数量而定）。

衣服一般为10套左右，流行的、质量较好的衣料一两套。首饰如耳环、手镯、银项圈等。在困难的年景，女方也会提出要谷子几百斤。大担（结婚时女方酒席的东西）酒2坛，肉36斤，鲜鱼、咸鱼各若干斤，豆腐干、油豆腐各若干斤，羊肉、细面各若干斤，馒头360对，鹅1只。这些东西都在订婚（下定）仪式前磋商好，接着就择日行聘，即举行下定仪式。

择日，就是下定前算命先生根据男女双方的生辰八字选择结婚日期，注明应有哪些忌讳要注意。订婚时，男方把选定的日期写在红纸上（算命先生都会写），请媒人在下定时送去，并且附上日子钱，求得女方同意。

订婚也称下定，男方带小担、裹包到女方家庭，结识女方的长辈，送上部分聘物，就算正式缔结婚约。订婚那天，女方家长举办家宴请新女婿，并请有名望的人作陪。临别，女方家长和长辈赠新女婿见面礼。经过下定，姑娘戴上银项圈，表示此生已有所属。

订婚后，男女双方都必须遵守婚约，不得另有所寻，如有异议，必须进行解约手续。如男方提出解约，女方不退回过去男方的一切费用。如女方提出解约，须归还男方一切费用，还须赔偿男方在婚约期替女方劳动的工资。

在以后的日子里，男方还要不断地向女方送聘礼。逢年过节，要送节礼。农忙时节，女方可以请未来的女婿帮助干活。

聘物基本送齐以后，男方就可以在择好的日子里迎娶新娘子。婚嫁时，女方的嫁妆视家庭条件而定，有句"有钱人嫁囡、无钱人卖囡"的俗语。

迎新娘　结婚是人生大事，不论家境好坏，谁都不愿让子女的喜事草草了之。

男方在喜期前一日，将大担送到女方家，除商定的物资外，另附带一副猪心（谐音子孙），女方的父母必须将猪心在第二天带回（不能任意处理掉）。这一天名谓发轿。发轿那天，五服内不论大小都参加喜事、吃发轿酒（五服内家人从发轿酒开始到婚后第二天早餐，共吃五餐）。总管与库房安排帮工人员，列执事人名单，在明显的地方贴喜联，贴择吉红纸，注明须回避的生肖。

除嫁妆外，女方还要准备充足的散花（糖、红鸡蛋、水果、米花等，分给亲友和吵房的小孩），替姑娘开脸，向姑娘灌输做新媳妇的礼节规矩。

婚前几天，姑娘基本上要少吃、少喝（省得结婚那天上厕所跑来跑去）。新娘到夫家进房后，这一天一般就不出来了。

吉期那天，新娘由女友帮助打扮，抹粉、描眉、戴凤冠、披霞帔。然后，哭哭啼啼地向父母亲友告别，由兄弟抱上花轿（既含有新娘不愿离去的意义，也有兄弟祝福她早结良缘的深情，又表示她没带走娘家一粒土的意思）。据老人们说："女孩子就以这一天为尊，途中遇官轿，连官员都回避。若与其他人结婚的花轿相遇，新娘子们就互撒盐米，趋吉避凶。"新棉被中有两只熟红蛋，象征温柔团圆。马桶内有子孙蛋。花轿由竹眠椅绑上抬杆，幔上顶篷制成，由以剃头、开脸为业的堕民抬轿。古代花轿制造精致，仅亚于官轿，由男方雇用吹鼓手随轿。途经村庄，新娘的亲属（异村的亲戚长辈）要拦轿送茶（红蛋、茶水）。花轿一至夫家，新娘出轿时，顺势抛出事先带在身上的怀星子（红蛋），由傧相搀扶，脚踏红毡先入洞房。

拜堂 结婚的仪式隆重而又烦琐，鼓乐阵阵，爆竹震天。双方父母邀上亲朋好友，摆上酒席款待来宾，来者送上几句祝福语及贺礼来祝福新郎新娘。

酒宴结束，举行拜堂仪式。拜堂是结婚重要的礼仪环节，任一细节都要进行。社会发展到现在，过去的礼节渐渐简化了，有些甚至消失了。拜堂地点一般放在堂前，场地布置得比较喜庆，长辈、亲朋好友、男女傧相、主事人齐聚一堂。中间八仙桌上放些糖果之类的食品，前面放两对红烛（一对大、一对小）、酒壶、香烟，由弟兄家长或能说会道者作司仪。男女傧相入座，请证婚人、主婚人、介绍人各自入座。入座完毕再请新娘入座（三请），后请新郎入座（也三请），到齐后，由司仪请新娘新郎介绍找对象过程等。

拜堂后，还要进行请长辈喝茶仪式。男方先请各位长辈按序就座，新郎带新娘到长辈前，叫一声长辈的尊称，捧上一杯桂圆汤。长辈既可立即付给茶仪，也可在库房贺仪簿上注明茶仪。五服内长辈吃酒不必付贺仪，但是茶仪却不可少。

也有的到第二天早餐前行此仪式。

入洞房 早时拜堂仪式结束后，是男女傧相互动节目。如以击鼓传花形式进行拉唱或讲祝福的话，但此活动时间不能超过晚上十一点半。因送入洞房内必须是12点前，超过这个时间就是第二天了。再加上如遇到女傧相有水平，要男傧相拦门作诗时，时间就更不允许了。新郎由弟兄唱开门诗请入洞房。唱的开门诗分四个层次，请新郎出库房门，而后进行上楼、进门、拦门等环节。

梅枝田村拦门作诗一般是这样的：

女傧相进入洞房时就把门关上，男傧相就讲：有请伴娘把门开。女傧相：千斤门闩拉不动。男傧相：只有淑女称千金，何有门闩这么重？女傧相：只要新娘开金口，伴娘奉命来开门。男傧相：新郎已经脚冷酸，鹊桥相会在今晚，有请伴娘行方便，鸡蛋糖果由你选。直唱到女傧相心软才把房门推开，让新郎进入房中。送入洞房还有送洞房节目，由领队唱，其余附和着唱，如是楼房就唱：脚踏楼梯步步高，凤凰飞过采仙桃，仙桃采来盘盘满，早生贵子中状元。如果是平房就直接唱：走进房门红艳艳，好比皇帝金銮殿，今朝牛郎渡玉女，明春定抢贵子来。

闹洞房 进入洞房后，还要吃和气席麻糍。一般菜有七至九盘，有鱼、肉、鸡等，每吃一道菜或糖果都要有唱词。比方先吃鱼，就唱：先有团来后有圆，欢欢乐乐享百年；吃花生就唱：花生本是节节生，时时刻刻忖爹娘；吃糖果就唱：芝麻糖果喷鼻香，你敬我爱福寿长；吃红鸡蛋唱：红蛋脱壳白粉嫩，圆圆满满过一生。

和气席麻糍蒸软后，切成小块，分给每个闹洞房的人。此时，一般已是天快拂晓的后半夜了。后还有抢"衣裳兜"，即把新娘或女傧相的新衣服偷出，就可以光明正大地向新娘子敲一笔"竹杠"。

天亮后，孩子们就欢欢喜喜地拥到新房门口，向新娘讨糖果和红鸡蛋吃。

回门 新婚第三天，新郎陪新娘回娘家，当日归来。这一天，娘家的兄弟挑着贺礼看望姐妹，夫家以丰盛的酒宴请尊贵的陪宾作陪，请郎舅舂米头（谷粒）象征劳动，盛情地招待，一直到三天后才让他们回去。现在，郎舅是结婚当天随新娘子同时到，住一天回去。

另外，结婚设有总管和库房。酒宴中，总管与库房是全局的中枢，由主人家直系亲属中有才能的人担任（也有比较密切的邻居担任）。这两人除了人员安排、掌握开宴时间、写对联、抄请客名单、做好出入账目工作外，散宴后要根据远客的人数包好糖果，第二日晨客人告辞时，每人一包糖果加一对喜庆馒头，婚事处理完毕，移交账册、现金。

做生做寿礼俗

做生 村里做生日之风由来已久，不问穷富到生日都会举行庆贺活动，规模与排场却有天壤之别。从襁褓幼儿到成人长大不是易事，寿终正寝在贫穷落后的旧社会就更难了，大概正是这些因素加深了人们对生日的重视吧。

小儿出生到1周岁俗叫"够周"，要答谢天地，人们用五牲福礼祭祀并邀请亲朋好友以示庆祝。亲友不送钱财，送长命锁、如意片，一面写长命富贵，另一面写金玉满堂；也有送银圈、玉镯、铜钱宝剑、虎头鞋帽等各式小儿吉祥佩戴物的；也可以送衣服一类。此后，就再不公开过生日。现在条件好，因计划生育等关系，有条件的父母年年给小孩做生日，也很隆重。过去，穷人就煮两只蛋染红，让小孩高兴一下。到20岁，父母要为儿子过生日，要请天地神灵和祖上，富家要操办酒席，贫家就只能合家喝上几盅。古礼20岁叫弱冠，意味着到了这个岁数可以戴帽了；到30岁已婚者，岳父母会送来礼品为女婿做生日，形式与20岁相似。农村一般40岁不做生日，49岁可以做50大寿了。

做寿 村里拜寿之风很早就有，越剧有《五女拜寿》。传统习俗49岁之前都是过生日，49岁开始可以做寿，只做九，不做十的整数，计岁从出娘胎开始，故叫虚岁。过去父母在世的人，不管几岁都不能做寿，因为有"父母在，不言老"。

49岁可以做50大寿。有女儿出嫁的主要由女儿夫家出资，条件好的人家要用"杠箱"抬来，条件差的用"幢篮"担来。其他至亲晚辈也要用"幢篮"担来奉礼。本家要设寿堂，挂寿星，贴寿联，祭神灵，谢祖宗。规格上差距很大，条件好的人家往往还请戏班来演戏，节目要演《八仙贺寿》《东方朔献桃》等，并开宴大吃；条件差一点全家团聚喝上三杯；还有穷人做不起生日，只好以"旱天无火日，穷人无生日"自嘲。

一般做寿都要分馒头，条件好的女儿给父母做寿用"杠箱"抬来，里面装着猪头、羊、公鸡、鱼、长面，再加上寿联。

丧事礼俗

送终 我们的民族自古以来就提倡孝道，古人说"奔父母丧不舍昼夜"。弥留之际、临终一别，为人子者当想尽办法待在父母的床前。故有"父母在，不远游"之说。本地的习俗一直沿袭旧制，谁家老者要离世，小辈就日夜守候，直至老者咽气。

当父母在医药无力挽回之时，子女们要日夜轮流守护在旁边聆听遗言，断气后一面在床前烧经，一面为亡者净身。父死先穿长子的贴身衬衣，再穿七套寿衣、鞋袜；母死用长媳内衣。叫理发师协助修面整容、梳头。男戴帽、女簪钗佩戴头饰，趁亡者身体尚未完全僵硬之时，将其手拉到胸前捧一只元宝，将夜明珠或白银放进亡者口里。

马上设灵堂，先铺上门板准备停尸。按男左女右脚下点灯，这叫脚头灯。停尸后，马上摆起供桌，放上祭品、点上香烛，随时添香、换饭。

报丧　此即家人亡故通知亲友的礼仪与程式。封建社会的官宦之家、书香门第以及大户人家都会举行高规格的丧葬仪式，民谚有"爹死娘葬，丧事了光"。

报丧一般都是送哀启与讣帖。普通民间的报丧已经简化，也叫"报讯"。报讯的范围：母族、妻族、父族、子族媳家、女族出嫁的女儿家，以上都指嫡派，不报旁支，因为丧事应该不请自来。谚语有"请吃酒渥送丧"。过去不贴讣告，亲友们靠相互转告。

需要去报讯处，只能一人一处。报讯人动身前将一顶伞倚在亡者的榻侧，临走时点三炷香向亡者供一供，说明去何处报讯，伞挟在腋下，伞把手要朝前，其意是亡魂在伞里不会出来，走时不准回头。到了目的地，报讯人进门把伞靠在门边或桌边，对方立即整出一张桌子，点上清香摆几盅净茶。有哀启或讣帖就竖于桌内侧正面，至亲就号啕大哭，报讯人吃完点心就拿伞出门。主人家还要拔香送出门，将残香插在院外等。

接到报讯的人家立即通知有关人员准备丧礼赶去送葬，置办的丧礼是"重被"、蜡烛、香、佛经等。要做祭就备足祭礼，如所在村庄是亡者的灵柩要经过的，还要准备做路祭。丧礼用品有各色祭祀用品、麻衣、白帽、孝斗、头梳、腰蝶等。

做祭　家祭是民间为先亡的长辈举行祭礼。出于对死者的尊敬，长辈去世后，在出殡前一定要做祭。本地一直保留此习俗，而且很是庄重。

首先设灵堂，挂上祭帐。灵堂两旁按参祭者亲疏远近、长幼写出祭轴，糊裱悬挂。有多少堂祭，就有多少幅祭轴。

二是写祭文。一堂祭就要写一篇祭文，祭文的格式与范本参照《祭黄帝文》等，平辈的祭文可参考的有韩愈的《祭十二郎文》、欧阳修的《祭石曼卿文》。

可以说，没有祭文不能算完整的祭，只能算礼拜。

三是定祭的规格。分二道、三道、五道，最高的有七道。简单的二道是分香案前与灵案前，三道就加茶果前，能摆五道祭的人已不多了。

具体操作相当复杂，难以一一罗列。

出丧　堂前祭祀之后就要入殓出殡了。主持仪式的人叫"礼生"，按旧社会的传统习惯，做"礼生"要有功名，起码要太学生或秀才。

入棺前，由上一辈族亲陪同长子，边行边哭泣往水滨，投钱于水中，顺流以瓶装水，叫"买水"。盛回之水最后一次供奉父母，以报养育之恩。入殓时，棺内要填满纸、手巾、扇等日常用品。此时，家属要围绕棺柩俯伏爬行一周，这叫"爬棺"，以示告别。然后择时下钉，每下一钉，都要说一句吉利话。除孝子孝妇外，其他人与入殓时辰相冲克的，不可看死者入殓。一般人家在死者入殓后即择时出殡，富户人家在出殡前设灵堂供亲友前来吊拜。孝子轮流侍守棺侧，每当有亲友前来吊拜，孝子要跪迎跪送陪拜，灵后女眷要放声哭泣。

饲生和恋亲视尸是死者入殓前，其子孙向死者做最后告别的礼仪。饲生由孝子奉白饭两小碗、豆干红糖各一碟，跪在父母尸旁，念道："父母饲我大，我饲父母老。"说着用箸尾夹一点饭菜放在父母口里，又转用箸头夹一点饭菜自己吃下（这是表示阴阳有别）。饲生毕，由和尚执魂幡在前引路，长子捧香炉跟着和尚，其余子孙均拈香随后绕尸而走，和尚边走边念经。死者是男，绕尸走圆形；是女，走方形。俗以父是天、母是地，而天圆地方，故此。

按照旧时的规矩，下葬的时间也是要讲究的，必须是太阳落山时。灵柩落土的时候"八仙"拽着棕绳徐徐放下，四平八稳之后，亲属们必须抓起泥土扔到灵柩上，这叫作"添土"。灵柩下去之后，先要盖一层薄土，再把墓穴里扫出来的土撒在上面，之后要放上一只碗，叫作"衣饭碗"。这样做是为了以后迁坟的时候动作轻些，免得惊动亡灵，招来不幸。

埋葬之后，人们必须要洗手，有的还要用酒来洗。这样是表示今后再也不死人，用来驱除晦气。接着，丧家要谢吹鼓手和客人。之后，还要举行辞灵仪式，祭拜死者的灵位。有的地方辞灵之后，只要是亲属就要在一起吃饭。

在回灵之前，孝子孝妇所穿孝衣是麻衣；回灵之后，全家脱下麻衣，孝子改在右臂挂麻布手圈或乌布手圈，孝妇改在头上插白花，称为戴孝。戴孝期间，男女均穿素色衣服，不能穿红戴绿，不宜嫁娶，逢有喜庆也不能办，要等到卸孝之后才补办。卸孝是在升龛点主丧事完结时，卸下身上一切戴孝的标志。

放焰口　此习俗从何时开始已不可考，一般是为了超度亡灵。放焰口最常见的"忏"叫"水忏"，一人念诵一部。四个和尚，一次就是四部忏。一般情况是"忏"拜后，接着放焰口。略具规模的叫"瑜伽施食焰口"。这是一般家庭在新人亡故所举办的道场佛事。形式是佛道合流，一个和尚头戴毗卢帽、身穿袈裟，扮作"金刚上师"。四个道士分坐两旁，唱的音乐是佛乐。敲击乐器音节旋律也很动听，请的是上、中、下三界。上界是佛、菩萨，他们是香花供养，最多也不过是清茶水果；中界是境内的四方神道、老爷，因为他们是"行正直于人间，布聪明于世上"；下界就是亡魂汇集的冥界，本主丧家及先亡之祖堂另设。

根据焰口的仪规，多种仪式必须在子时结束。因为子时鸡啼阴气回升，鬼魂要散去。用品有八仙桌两张、高桌一张、板桌两张、簟一席，供品有香、蜡烛、菜肴（要有荤素）、水果、饭酒、点心，其他类有九龙包、千张、炮仗、蟠桃。

做七　此习俗一直流传于民间，具体起始年代无法考证。当地凡有人去世都要做七。按传统的说法，人死后从黄泉路到阴曹地府受判决，要经过49天的中阴，其间又分7个阶段，故每期7日。届时举行祭祀，俗称"做七"。

做七又要避开明七与暗七，所谓七不做七（按农历算）。这就是说凡是初七、十七、二十七是明七，十四、二十一、二十八是暗七，这些日子最好要避开。倘若刚好碰上，唯一的办法就是头一个七可以伸缩，这样算好后抄出的单子叫七单。做七的菜肴要荤素搭配，十二碗或十六碗，每行四碗，俗习叫神三鬼四。中间杯筷是丧主用的，两边的杯筷是无常或差人用的，无常或差人用的筷子要用草秆。另外，要有一整只的剥壳熟蛋，无常喜欢吃蛋，草秆太软又很难挟住，以此来拖延时间，可让亲人多吃点。另外，还要在丧主的椅背上套一件他生前穿过的衣服，用三炷清香招魂。然后，要用手去摸一摸四只桌脚，意在解除亲人绳索让他可自由吃。接着，亲属哭拜、焚纸，结束后送灵魂出门。梅枝田一带还有做六七即第六个七的习惯，必须由死者的女儿来做，要多买点菜肴，用来招待抬棺材的和比较亲近的人。

祭品有荤菜如猪肉、黄鱼、鸡等，素菜如香干、豆腐、金针、木耳、绿豆面、豆芽等，还有农家种的作物如花生、芋艿等。

此外，长辈、父母去世还要做"百日祭""三周年祭"。

4. 民舍造屋

民 舍

民舍一般朝南或东南，利于采光通风。俗谚称："朝南屋，儿孙福。"富户多取院堂式，前庭后园，环以围墙，入门为庭，升阶为堂，正中为堂屋，两侧为居室，一般不开大窗，称"明厅暗房"。正屋两厢建厢房，环庭成天井，称"道地"或"门堂"。住屋正面窗门大多以木条拼嵌成各种图案，内侧装暗板可以推拉开启，侧面及背面常用石板透凿成各种图案的石窗。富户一般单门独院，也有同宗数户成一院落的。楼屋一般取畚斗式，垂檐出桷，楼后檐低斜不开窗，以防台风暴雨，称"畚斗楼"。楼后檐较高并开窗者称"四面楼"。最具气派者为"五凤楼"，正屋及两厢檐牙高翘如彩凤展翅，多为乡绅所居。

造 屋

造屋是人生头等大事，是立基立业的关键，人们往往希望得到神灵的保佑。梅枝田田氏家族围海造田，深感土地来之不易，对土地更加尊重，所以在建房动土时，必遵循老祖宗之习俗。造屋、奠基、起土要请阴阳先生拣日子、祭土神，或请道士念咒。垫磉、拼木、上梁时要礼待土木工匠，避免工匠"做煞"，造成房主不利。上梁时，梁间挂红布，房柱贴红联，大放鞭炮，抛掷五色果、小馒头、小木榔头，众人哄捡，以示彩发。完工时，以礼包、衣料、裤料、布腰带等谢土木师傅。迁居时，亲朋送菜肴酒食，称"望进住"。

建房动土要请拣日子先生选好"日脚头"，动土前要请地神，具体做法是：

将一个小稻秆把缚在一个一人多高的毛竹枝头上，再在稻秆把下贴上日子先生选好的日子，天刚拂晓时把毛竹插在地基上，进行祭请。毛竹表示"一枝毛竹长上天，荣华富贵万万年"，稻秆把象征五谷丰登。

祭请时，须用供品两盆（豆腐一盆、点心一盆），及香五炷。五炷香表示五子登科。然后，人们跪在地上叩拜土地神："今日由于需要，在贵地动土，敬请贵神保佑建房平安。"

撒盐米。在地基的东南西北各个方向撒盐米，以此为界，妖邪不得侵犯，保证屋主大吉大利。

（三）民间文学

1. 传说故事

大山头的由来

相传很久以前，盘古死后头部化为东岳泰山，腹部化为中岳嵩山，左臂化为南岳衡山，右臂化为北岳恒山，脚化为西岳华山。但在梅里居然有座山称大山头，这件事被天上太白金星知晓，他决定亲自来到凡间探其究竟。

当太白金星出南天门之时，只见有一处正像天空中七星护月之景观。而月山中有一棵参天大树，好比吴刚砍过的那棵桂花树。见其特殊景色，太白金星忙按落云头，正巧落在所谓大山之头顶。此时太白金星便顺着阶梯而下，他所经过的地方就留下了仙人楼梯之景点。他准备在此山中住宿一宿，结果又留下了仙人洞、仙人壁、仙人井等处处仙迹，还有下棋的地方，真可谓"山不在高，有仙则名"。

据祖祖辈辈相传，在仙人下棋过的地方坐坐，遇上的不顺畅之事都能迎刃而解。特别是高考期间，有很多寒门学子拿上书本在此小坐片刻，或带上干粮读上一天书，效果都很好。村里的好几个在此工作过的村干部，也都顺利升迁了。可惜在"文革"期间，这大山头附近很多景点的建筑被破坏了，如仙人楼梯的景观有好几格就遭到人为破坏，仙人井旧址也被改建为蓄水池。随着岁月流逝，梅枝田古居也遭大浪淘沙，目前尚有部分古迹留存，亟待政府和社会的保护复建，使这颗被历史尘埃掩盖的珠宝重现昔日光彩。

（搜集整理：田启尧）

古井的传说

据说太白金星察看大山头后准备回天宫复命，上天时一只脚蹬在井边的岩石上，他向上一纵就无影无踪了。说来也怪，现在那井边岩石上还留有足印。而这口井自太白金星踩踏回天宫后，便常年不涸、冬暖夏凉了。用这口井的水酿酒，酒也特别香甜，酒水产出量也较高。这座古井因年代久远，井口很小，在"文革"

时期进行过修缮，主要是把井口扩大了一点，其余都是原来样子。

（搜集整理：田启尧）

梅枝田村与大石墩的故事

梅枝田村三面环山，一面朝海，重峦叠嶂，海天相映，是一个风景宜人的天然居所。南宋开庆元年（1259），田什将军第十四代后裔田均鍨从城内来到此地，并在此定居了下来。据田氏宗谱记载："公均鍨，字仲则，妻胡氏；公性恶嚣尘，好静幽，宋理宗开庆元年己未由城南迁居梅枝，是为梅枝始迁之祖。"

田均鍨是田什将军的第十四代后裔。田什是南朝梁武帝时的将军，是陕西凤翔人。侯景之乱时，因为战事不利，田什一行人退至宁海，战乱结束后他就驻守宁海。不久，梁朝就被陈朝取代，戎马倥偬大半辈子的田什将军就将余生留在了宁海，死后也墓葬在此（墓地位于如今的将军路附近）。因其在宁海"保境安民"，许多事迹为后人所怀念。

600多年后，田什将军的第十四代后裔田均鍨依然在宁海生活。1259年，正是南宋末年，当时蒙宋战争频频，南宋奸臣贾似道当道，当权者过着醉生梦死的生活，在此20年后，南宋便成了历史。也就在这个时期，兵荒马乱尚未开始，百姓油盐酱醋茶的生活依然持续，田均鍨迁居到了梅枝这个山村。

田均鍨定居梅枝，究竟因何种机缘已无从考究，是否多次到过梅枝也是未知，但他对此地的偏爱却可略见一斑。当时田均鍨来到梅枝，小小的村落只有十几户人家。而此后700多年之中，随着田氏家族的兴旺，小村落的规模不断扩大。中华人民共和国成立前此地曾设立过乡公所，中华人民共和国成立后命名为梅枝田村。

据说明清时期，浙东沿海一带倭寇海盗横行。日益繁荣富强的梅枝田村依山靠海、土地富庶，也是那些强盗们虎视眈眈的目标。正当那些海盗从海上大张风帆向梅枝田村靠近时，一支强弩从几百米开外的梅枝田村怒发过来，直接射落了海盗船的船帆，让他们大为惊悚，顿时不敢轻举妄动。晚上，他们悄悄派出探子上岸到梅枝田村，先来察看窥探一下武装、地形等基本状况。探子潜入梅枝田村后，发现这个村里处处都有练武的痕迹，尤其是村里一个大石墩，足足有三四百斤重，不是武力高强者绝对举不起来，可见这个村里的人武功非凡。探子回报强盗头子后，他们商议了一下，决定马上撤退。从此，梅枝田村附近一带再也没有强人出没了。田均鍂等田氏先祖为梅枝田村的繁荣富强以及平稳安定做出了杰出的贡献。

（搜集整理：田启尧）

压岁钿的传说

每到春节来临,长辈们往往会给小辈发压岁钿,希望晚辈在新的一年里大吉大利、健康平安。压岁钿的习俗在社会上流传了数千年。据老人说,压岁钱最初并不是市面上流通的钱币,而是一种佩戴在身上的装饰品,目的也不是祈福,而是镇恶驱邪。压岁钿正面有"天下太平""四季平安""千秋万代""去殃除凶""百毒不侵"等字样,背面有民间瑞兽祥鸟等图案,如龙凤、龟蛇、双鱼、蝙蝠、鹿等。

相传很久以前,有一种妖怪叫祟,专门在大年三十夜出来活动。它偷偷地潜入到百姓家中,用手去摸熟睡的孩子的头,凡被祟摸过头的孩子就会头痛发热,最后变成傻子。于是每家到年三十夜都点着灯彻夜不眠,谓之守祟。后来守祟便称为守岁,并由长辈在年三十夜给小孩一些铜钱,以彩绳穿之,置于床脚,用来辟邪保平安。

随着社会的发展,压岁钱的佩饰辟邪功能慢慢退出历史舞台,取而代之的已是货币,亦可以说是长辈发给晚辈的福利钱、励志钱。

（搜集整理：田启尧）

田家风的故事

相传梅枝田村有个叫田家风的人,专挣诉讼之钱。当时宁海有五个智邪人物,即梅枝田田家风、山头冯水、溪南范家范介橱、曹家曹烂眼、水车金刚杖,知县都要让他们三分。那时有位赵姓知县上任不到两个月,便遇到了梅枝田的一件两难案件:当地有一户钱姓员外同弟媳妇打官司。

原来钱老员外育有两子,长子已有妻室,老二也娶孙氏为妻。钱老员外将家产一分为二。分家不到半年,老二患病身亡,也没留下一男半女。老大见胞弟这份家产很眼红,日思夜想如何将这另一半财产独吞到手。他首先想到要赶走弟媳妇,平日里便百般刁难,常鸡蛋里挑骨头。

这边弟媳妇也想守住家业,不肯轻易改嫁,心想如果腹内有一男半女,想必老大也会死了独霸家业这条心，于是经常外出到寺庙烧香求子。作为一位年轻女子，再加上有钱和几分姿色，她不管到哪里烧香都受欢迎。寺院里的和尚也似乎特别殷勤，慢慢地她被一家寺院和尚看中。而她也巴不得怀上"遗腹子"，亟须找个补救办法，可谓双方各有所求，一拍即合。一天夜里，方丈偷偷地溜到寡妇房中，恰好大伯也时刻注意着弟媳妇的行踪。这天刚好撞上这事，老大立刻带人冲了进去，当场双双抓住。他连夜派人送银子到衙门，盼望速将此事了断，以达到自己独霸家产之目的。

半夜里，赵知县收到贿赂，本来暗自窃喜，但一听案由全身似屋檐茅草招狂风般抖个不停。因为这事不管哪一边都偏护不得，老大是地方头面人物，老二妻子孙氏兄弟在朝为官，处理不好就乌纱不保，他急得满头大汗。此时师爷在旁看个明白，忙向知县献计曰：此事只能找田家风来，他主意多，或许能想得出两全其美之策。知县连忙派人将田家风招入衙内，田家风听了情况后，附在知县耳边说了一阵，只见知县脸色由阴转晴，露出了笑脸，当夜将这两人押赴衙内。这边老大满以为给知县送银子起了作用，对知县感激不尽，为把弟媳妇名声搞臭，还连夜派人四处声张，把弟媳与和尚相好之事闹得满城风雨。

第二天衙门尚未打开，前来看热闹的百姓已人山人海。当衙门打开时，知县刚坐定，便见有人口中高喊着冤枉，冲进来向知县告状。此人便是寡妇的娘家人。赵知县看了诉状，狠狠地拍了一下惊堂木，大声说："你们一个说对方是败坏门风要问罪，一个说对方霸占财产是诬告，到底是怎么回事？"

这时老大理直气壮地说："青天大老爷，俗话说捉贼捉赃、捉奸捉双，带上人质便知分晓！"赵知县一拍惊堂木，令解差将人质带上公堂。咦，昨夜捉住的是和尚，今日怎么变成尼姑了呢？老大一看顿时傻眼了，他脸色苍白，知道是知县做了手脚，但苦于没有证据奈何不得。就在这时，只见尼姑双手合十，口念"阿弥陀佛"，她说："寡妇告诉我，自己年轻守寡，大哥又心存不良，叫我夜里陪她做伴来壮胆。想不到大哥想独霸家业，连尼姑、和尚都分辨不清就闹事，实属可恶！"这时，在场看热闹的人都说老大不地道。

就在这时，知县一拍惊堂木："安静！安静！本县已知内情。"他口占一诗判曰："夜里虽有月明亮，尼姑和尚头光光，心情激动乱分寸，其实也没看清爽，大哥弟媳本一家，何必闹进本县堂，回家各找自家错！退堂，退堂！"

这件事就这样不了了之，且肥了知县和田家风，他们口袋里又装满了寡妇送来的银子。寡妇的名节保住了,那位和尚从此便不知去向。

(搜集整理:田启尧)

大山头上的石棋盘

大山头上有很多巨石,有方方的,有扁平的,颜色都是黑乎乎的。相传太白金星下凡察看地势时曾在这里停留过,还同仙友一起在此下过棋,所以有一块石头形如棋盘,痕迹分明。乡民在周边劳作累了,也会自带象棋在这里自娱自乐一番,把整天的劳累都抛到脑后。

梅枝田村祖先还说此石棋盘比较灵验,如有难解之事,在此稍坐片刻就能悟出所以然来。所以周边村民外出做生意或者学手艺、读书赶考之前,都要在此下盘棋,如不会下棋就在这块石头上摸几下沾点好运。说来奇怪,来此有求者,皆能如愿以偿。特别是遇上赛事,在此下过棋或者摸过石头者,都能拿到好成绩。

故事大概是这样的:古时有一位祖先经常在此设局布阵。此人有气质和风度,棋艺又高,并略懂医术,人称白胡须老爷爷。前来下棋者如能赢他,不管什么事都能成功。久而久之,他就被外来的棋友神化成仙人下凡。时光如流水,故事还依稀。可惜这块石棋盘在"文革"期间被炸毁,被办畜牧场埋墙脚使用了,现在仅存遗址。

根据村民的要求,村干部决定在原址上建造凉亭或盖上几间平房供游人驻足歇脚。遇有兴趣者,也可约上二三好友,坐下对弈,草堂饮茶,分享山泉之甘甜、野茶之清香。累了亦可自采野果食之解乏,远可眺望大海,近可俯视村野,岂不美哉?

(搜集整理:田启尧)

"满了没有"

很久以前,长辈口中一直流传着一个故事叫"满了没有"。这故事使人很受启发,受益匪浅。故事是这样的:有一位徒弟学艺三年,觉得自己可以满师、独当一面了,便向师父告辞。师父未当场回复,只拿出一只装满石子的碗问徒弟:"满了吗?"徒弟说:"满了。"师父在碗里加了一把沙,问徒弟:"满了吗?"徒弟说:"这回满了。"师父又在碗内加了一把蛎灰,仍没有溢出来。师父再问:"满了吗?"这回徒弟肯定地说:"真的满了。"结果师父又在碗中加入了水,再问:"满了吗?"这次徒弟红着脸,无言以对。

这位师父耐下心来,叫徒弟坐下,并告诫道:"一个人应有空杯心态、海绵精神,古人云'自是者不彰、自见者不明、自伐者无功、自矜者不长',要认真学习、吐故纳新、永不自满、永不止步,拜世上能者为师。我只能传授基本功夫,日后你还需自己努力,要永远做一个与时俱进的有用之人。"

万物都在追求完美,做人更不能放弃追求,这样才有动力。这个故事告诉我们,要不满足于现状、勤奋学习,取人之长、补己之短。所谓金无足赤,人无完人。

(搜集整理:田启尧)

四大丑女的传说

梅枝田村老人经常在纳凉时讲古代四大丑女的故事,很有教育意义。大多数人只知道中国四大美女是谁,并能轻而易举地道出名字来,却不知四大丑女个个都身怀绝技、智慧过人。在此,向各位讲一讲四大丑女是哪几位。

其一是远古的嫫母。此女形似夜叉,但其德行很高尚。大诗人屈原曾给她很高的评价:"妒佳冶之芬芳兮,嫫母姣而自好。"而且嫫母的智慧也非比寻常,所以我们的祖先黄帝毅然娶她为妻。

其二是战国时期的钟离春。她乃齐国无盐人氏。这位女子额高头大,双眼均下凹,大肚皮,大喉结,须眉极稀,鼻孔翻翘,皮肤粗而黑,所以她到四十岁尚未出嫁。但她聪颖异常,胆识远胜男儿。在齐国最困难之时,她自荐到齐宣王面前陈述了自己救国的理念,后均被齐宣王采纳,结果声振朝野,终被立为皇后。

其三是东汉时的孟光。据史书记载,孟光黑而又肥,模样粗俗,但力气很大,能举巨石,德行高洁。当时有一媒婆替孟光与一丑男搭桥,谁知孟光答曰:"我此生只嫁梁鸿,除此之外任何男人我都看不上眼。"此话在当时,可称为癞蛤蟆想吃天鹅肉。因梁鸿乃当时之名士,文章过人,儒雅倜傥,很多名门望族都想把女儿嫁给梁鸿,而丑女孟光如此大言不惭,岂非痴人说梦?但梁鸿真的看上了孟光的聪明才智,坦然娶她为妻。后来,梁鸿落魄到吴国当佣工,全靠孟光支持渡过难关。"举案齐眉"的成语原出自他俩。

其四是东晋时阮德尉之女。阮女之丑从她洞房花烛夜的情形便可知晓。阮女的新郎是名士许允。许允满以为凭自己的身份娶来的必是一个大美女无疑，可谁知洞房之夜揭开新娘头帕一看，竟吓得目瞪口呆，待回过神来，竟拔腿跑出洞房，死活不肯回去，阮女的丑陋程度可想而知。古时入了洞房便是夫妻，友人提醒是否可考查一下阮女的品行与学识再作打算。许允只得硬着头皮进去，壮胆问道："女人有四德，你占了几条？"阮女答曰："作为女人，我只是没有漂亮的面孔而已。而读书之人应有的品行，你且占了几条？"许允说："我百行皆备。"阮女后问道："据我所知，百行德为先。但你只喜欢女人的漂亮面孔，而不顾人家的德行如何，那么你怎可称百行皆备呢？"许允无言以对，感到阮女说在理上。共同生活了一段时间后，许允深感阮女品行远非一般人可比，便自然对自己的妻子心悦诚服起来。两人相敬相爱、美美满满地过了一生，成为佳话。

（搜集整理：田启尧）

"宝剑岩"的传说

自古以来，梅枝田村旁白岩山上的"宝剑岩"流传着一则动人的血泪故事。

相传在远古时代，有个水官名叫共工，性情暴戾，刚愎自用，无视群众的智慧。他治理洪水，不知因势利导、引水入海，而是采用高筑塘堤、堵塞百川的方法，结果导致洪水泛滥，"以害天下"。

这一年，共工来到东海之滨治水。他登上白岩山，观察地势，一望浩瀚的东海，波涛滚滚，不觉"望洋兴叹"起来。再看山川之水，滔滔东去，越加惊惶失措，担心东海水满为患。于是，共工强迫民工加速劈山，用山土筑堤，阻止洪水流入大海。结果，洪水横流，到处泛滥。有个老民工跑去向共工恳求道："军爷，这洪水只宜排，不宜堵呀！"共工怒喝道："胡说！要是这洪水再排到东海去，东海的水泛滥起来怎么得了？"老民工继续说："东海的水不会泛滥的。"共工更恼火了，"咔嚓"拔出腰间的宝剑，吼道："你们想造反吗？"话音刚落，就一剑刺死了老民工。他把手中血淋淋的宝剑向地上一插，继续威胁："谁还敢反抗？看我宝剑！"说着，又伸手去拔剑。可是，这把宝剑再也拔不出来了，它已变成了一块岩石，可怜的老民工也化成一只怨鸟——"排洪鸟"。

如今，"宝剑岩"上长满了爬山虎的红叶，好似斑斑血迹。每年春天，还可以听到"排洪鸟"的叫声："大家去排洪！大家去排洪！"

（搜集整理：杨小娣）

仙人臼的传说

相传，躁龙峰南面的天平庵里住着一个老和尚。他清苦学佛，自食其力，只在山间种点番薯等蔬菜苦度岁月，从不向人募化。

有一年的除夕，老和尚从瓮中倒出仅有的半碗谷子，坐在山门外的大石上用手搓米，准备正月初一煮饭供佛。忽然来了一个白发老道，手持拐杖上前施礼："大法师，请随我来！"老和尚跟着老道走到大石坪，只见老道用拐杖向石孔点了几点，口中念念有词："石臼天成，逢难就灵。贪图幸得，枉费痴心。"念毕，对老和尚说："这石臼大有妙用，如遇困难时，只要放下一撮谷子，捣成米炊饭，不管人数多少，都能吃饱。如果妄图不劳而获，就什么也得不到。"话音刚落，老道便随风而去，不见踪影。老和尚回去拿来那半碗谷子放入石孔，捣成一碟米，第二天煮饭供佛，果然煮成半锅饭。这小石孔就是"仙人臼"。

（搜集整理：田启尧）

王干山上油盐寺

王干山在民国时期属于梅枝乡，据说是因一和尚而得名。唐朝年间，国清寺有一名叫王干的和尚，从普陀山取经回国清寺，途中忽遇台风，船只搁浅在这石头山旁。他回国清寺后讲与方丈听，方丈认为此处与王干有佛缘，建议王干来此地修行。王干见那石头山面临大海、得风得水，是个修行的好地方，遂在上面建寺扎根，石头山因之被称为王干山。此寺即为后来的油盐寺。

这与普陀山的"不肯去观音院"来历何其相像。那"不肯去观音院"是唐咸通年间，一位名叫慧锷的日本和尚所建。他来到中国途经五台山时，获赠一尊檀香木雕成的观音佛像，后带着这尊观音准备回日本，在普陀山三番起程皆遇台风。慧锷认为是这普陀山要留观音，他就在普陀山建了"不肯去观音院"。

王干山的油盐寺虽没普陀山"不肯去观音院"的排场和规模，但王干和尚虔诚敬佛、造福百姓的劲头一点也不逊色，甚至更甚。油盐寺的贡献，是看得见摸得着、实实在在、贴心贴肺的。

王干是个好和尚。他在石头山出家修行，不仅从不向村里百姓化缘，而且还尽其所能救助帮扶村里人，成为一个现实版的救苦救难观音。

王干山百姓立碑记载了这个故事：王干和尚在这山上建寺修行之后，见村里人面黄肌瘦、衣不遮体，感念于心，常游走四方去化缘，把化来的衣食赠予村里的穷苦百姓。一个万籁俱寂的晚上，王干听到寺庙外有滴答滴答的声音，跑去一看，竟是门口大石头上的两个石洞里流出村民极缺乏的油和盐来。这一发现让王干喜出望外，他赶紧用碗接了。说也奇怪，这石洞里流出的油和盐不多不少就四两，再接就没了。第二天同一时辰再去接，数量依然是这么多。从此以后，王干就用这石洞里接来的油和盐接济村里的百姓，一度滋润了村里百姓的生活。后来王干年迈，他就把晚上接油盐的活让他的徒弟去干。小徒弟嫌麻烦，在一次接油盐的时候，把两个洞挖大了，可是从此那两洞竟再没流出油和盐来。

  石洞里竟会流出百姓所需要的油和盐，即便这是传说，听了也让人动容！

  油盐造福于人，却不能过量摄取。这个故事启迪后人戒贪戒欲。虽说石洞断不会流出世人需要的油和盐来，但这寺庙必定有过与油和盐相关的故事，必定造福过村里父老，当地百姓才会以"油盐寺"赠名，以此纪念这个与百姓生计紧紧相依的寺庙。

（摘录自《油盐寺》，作者戴巧珍，有删改）

老底子四盆八碗的来历

  据史载，梅枝田村老底子四盆八碗，起源于南宋，盛于明末清初，距今也有近千年历史。古时不论婚丧嫁娶、寿庆竖屋、进住分家、立业祭祀，都要用四盆八碗来款待客人。它包含有一番美好的寓意，四盆为四季，八碗为八节。所谓四平八稳之意，亦为祝愿春夏秋冬四季风调雨顺，月月丰衣足食。四季加八节刚好是十二，象征在这一年里能和亲友聚会、共品美味，乃人生之乐趣也。

  其实，老底子四盆八碗每道菜里面都有一个美丽的故事，如跳鱼羹同八仙之一的铁拐李有关。相传铁拐李还未成仙之前，是一个穷困潦倒的书生，屡次科举不第，因长期寒窑苦读身患重病，一腿致残，曾经动过轻生念头以求解脱。一日他到海边准备投海之时，幸有太白金星扮成的老翁把他拦住，并劝他："人生不得意之事十有八九，为此断送性命太不值得，人世间还有很多美好事情在等着你去体验呀！不如你先吃下这罐东西再说。此乃白玉跳鱼羹，鲜美无比，食之可以忘却人世间一切不平事。因为跳鱼有海上人参之说，常食之亦可强身健体。"说完，只见他随祥云飘然而去，铁拐李也想跟随而去，不料从云端中掉下来。醒来时竟是南柯一梦，奇怪的是屋里确有一罐豆腐煲煮的白玉跳鱼羹，香气满屋、鲜味十足。他顿时胃口大开，狼吞虎咽，吃得罐底朝天。

从此铁拐李抛开烦恼，后参透禅机得道升天，列为八仙之首。铁拐李为了世人的幸福，又去追寻了鲜活的跳鱼，并将之散布于梅枝田沿岸的大海之内，为梅枝田村添了一道名菜。

（搜集整理：田启尧）

田什将军的故事

宁海自西晋太康元年（280）立县，至今已有1700余年历史。1700多年来，宁海县前后编修了多部县志。清光绪《宁海县志》卷十一记载："田什，陕西凤翔人，梁太清间授殿前将军，封武冈侯。"（梁太清间为南朝梁武帝时）其时"侯景作乱，围台城。什率二子，曰寅曰宅，冲锋力战，二子阵没。及陷城，什奉邵陵王纶出奔。已而岳阳王詧即位，王纶复国，感什忠义，请于朝，命镇台郡，封靖边侯，驻扎宁海。迄梁亡，屡召不起，卜筑广度里，事详郡县志"。

中华人民共和国建立后，1986年全国第一轮地方志编修时，新《宁海县志》（1993年版）收集了65名对宁海经济、社会、政治、文化、民生等方面做出杰出贡献的人物资料，编纂人物传，入传的首位人物就是清光绪《宁海县志》已有记载的田什将军。

田什将军的贡献主要有三点：忠君护国、戍边守疆、拓荒兴业。

忠君护国 公元502年，梁武帝萧衍灭了齐国，一度亦励精治国，国力强盛。到了晚年他却一味信佛，广建寺院，三次舍身为僧，致使政事荒疏；加上连年战乱不断，百姓陷于水深火热之中。原东魏降将侯景见机欲谋反篡位，发动兵变。叛军自北杀入，来势凶猛，梁朝政权危在旦夕。此时武帝遣萧纶督军讨伐，大将田什随其左右，出征入战，冲锋陷阵，战事进展顺利。但想不到，戍守长江流域的临贺王萧正德对武帝不满，叛变投敌，反助侯景，致使战事逆转。在京城建康（今南京）附近激战数次，由于兵力悬殊、敌强我弱，虽经田什等众将奋力反抗，一时难以扭转战局。在危急时刻，田什遣田寅、田宅二子奋勇抗击，也难以挽回败局。结果，二子战死于疆场。太清三年（549）三月，与建康毗邻的台城陷落，梁武帝围于城内，郁闭无望而终。田什作为将军，在君王危难之时、国家存亡之际，他挺身而出，坚决服从统帅命令，亲率兵将冲锋陷阵，在战局紧急关头，不顾个人与家庭的安危，忠心救主、保护朝廷，维护国家安全，充分体现了田什将军忠君爱国的正统观念，反映出其忠心耿耿、一身正气。清光绪《宁海县志》为田将军专记了一段："武帝子孙一临危难，皆自谋富贵，不顾君父。独邵陵王父子志切君父，始终不变。田将军父子亦乃心王室，始终不变。君臣一德，云龙相从，其忠魂义气，薄日月而贯金石，故声灵赫濯，上动帝王，下感臣庶。"

戍边守疆 邵陵王萧纶统率的军队被侯景等打败后，武帝的子孙觊觎皇位，互相猜疑牵制，无心恋战，更不服从于萧纶的指挥。萧纶孤军无法再与侯景作战，在田什及贾、董等将军的护卫下，杀出一条血路，退至浙江会稽，后又辗转奔至浙东偏僻的小城宁海。简文帝萧纲大宝二年（551），侯景战败，被部下杀死。邵陵王萧纶还都建康，鉴于田什及其二子的忠勇，奏明朝廷，封田什为靖边侯，镇守临海郡。其间，田什将军屯兵临海，总部设于广度里，一边招兵买马，整训军队，一边治理郡政事务，为百姓谋事，加强边防建设，镇守万里海疆。田什将军在临海戍边守疆40多年来，外无敌寇侵犯，内无贼匪作乱，这个区域一派安宁，体现了田什将军治军有方、守土尽责。

拓荒兴业 田什将军被朝廷封为靖边侯后，并未入京为官，而是在临海郡一带尽戍边守疆之责。但不久，梁被陈所灭，田什不愿事于二君，遂解甲为民，全家迁居宁海的清泉山麓，成为定居宁海的田姓始祖。

田什将军卜居宁海时，宁海县小人稀，清光绪《宁海县志》记载："宁邑当西晋以前团海隅荒域也。"县城广度里尚未开发，仅有槐里王等数姓家族。将军驻兵以后，外无寇盗入侵，内无贼匪作乱，社会稳定，百姓安康。将军爱民如子，军民情感融洽。将军见宁海山清水秀、土地肥沃、港湾交叉，自然资源充沛，便发动民众垦荒开地、拓土耕作，鼓励居民发展农业、渔业生产。随着生产的发展，外地迁入的人口日益增多，"鸟集鱼萃者不下百族"（华祝《梁田将军传》）。为了兴业安邦、百姓生活富庶，田什将军发动民众在城北开沟挖河，疏理黄墩港；在东南方向修理大溪，疏通双溪至白峤的河港，构建出海通道，便利交通；并在广度里周围平整小山坡，构筑街巷，开辟集市商肆。相传，宁海最早的一条街——盛家街（今水角凌路），就是田什将军所开。以梁天监元年（502）建的妙相寺为中心，一个繁华的小城雏形初步形成，这为唐永昌元年（689）正式确定为宁海县治奠定了基础。

田什将军身为军人，长期征战疆场，养成雷厉风行的作风，解甲隐居后，以军人之作风，果断组织民众拓荒造地、开渠挖河、平整山坡、填驳沟壑、兴建农业、发展渔业，为百姓生产生活操劳，同时重视街巷、集市、商肆建设，为宁海的城镇布局花费心思。因此，宁海历朝历代的百姓都非常怀念这位将军。人们在他的居住地——西门杏树脚下建了将军墓，上隍畈修了一条将军路，风景区跃龙山将军庙原址上新造了一个将军湖，东门花楼庙塑有将军神像。将军的功绩载入史册，最终成为《宁海县志》人物传略第一人。

唐代诗人王建有七律为赞：

初从学院别先生，便领偏师得战名。
大小独当三百阵，纵横只用五千兵。
回残匹帛归天库，分好旌旗入禁营。
自执金吾长上直，蓬莱宫里夜巡更。

清代诗人张允斌在祀田将军墓时，曾咏诗一首：

隐迹缑西几度春，身骑箕尾脱嚣尘。
魂归碧落千秋壮，庙祀花楼百代新。
岁岁蒸尝同享戍，年年俎豆荐芳辰。
古来将相知多少，仿佛田侯有几人。

这是后人对田将军评价的缩影。宁海历代居民奉田将军为神，建庙以祀。曾有六任宁海县令为田氏忠义厚德题字赋词。有"忠英永宅"等匾额以及"侯绪英风冠万世，帝邦义烈足千秋""精忠难忘元代加赠英助伯，大节不磨前梁敕封靖边侯""辅梁朝赤心报国，存秉祀青史流芳"等楹联，歌颂的都是宁海田氏先祖田什将军精忠报国、节义凛然、开疆拓土、造福百姓的故事。

为进一步弘扬中华民族优秀历史文化，强化爱国主义教育，田什将军的事迹还需要进一步探索、考证。田什将军被尊为宁海人的城隍、梅枝田村的太公。现宁海城区的花楼殿、镇宁庵、城隍庙遗址都与田什将军相关。

（资料提供：丁秉懋）

田良宰免麦租的故事

相传清朝嘉庆年间，越溪乡梅枝田下田村有个田良宰，是著名的清廉乡贤。他出生还不满周岁，父亲就去世了，剩下他和母亲两人。在贫苦的生活环境中，要把良宰抚养成人,这责任只好落在他可怜的母亲身上。可是没田没地的母子俩整天缺衣少食,日子过得非常艰难。

"娘,我们怎么没有田?人家有,我们为什么没有?"年少的良宰睁大了疑惑的眼睛,盯着母亲的脸,天真地问。母亲又是疼爱,又是心酸,把他搂在怀里轻轻地说:"孩子,我们是穷人,自己哪有田!等你长大了,自己想办法去挣田挣地,要么租别人的田来种,这才有饭吃!"

"哦,原来是这样啊。娘,那我们现在就去租块田地吧!"小良宰仰着可爱的脸庞说。打从那时起,他每天催母亲租田种粮食,希望有朝一日家里也有饭吃。

母亲见他经常缠着,就在这年的秋天,真的向一个财主租了两石田种麦子,事先讲明麦子收上来要交二斗麦租。她从此帮人捣米、推磨,换工耕好麦田,准备自己下种,这下良宰可高兴啦。母亲亲自挑麦灰、耘土块,他也帮着扛锄头、拿畚箕。他们足足花了四五天时间,才把麦子种下了。

"娘,不久后,我们就有麦饼、麦饺、麦面条吃了!"良宰幼小的心灵里充满了对自己有饭吃的期望。不料到了第二年,麦子发病了,麦穗发霉变黑,麦粒干瘪,两石田只收了两升半麦子。良宰的母亲哭了,良宰也哭了,有什么办法呢?母子俩只得噙着眼泪,打算把这点麦子磨起来,也好吃上几顿。

正当娘儿俩在家里磨那点可怜的麦粉时,闻讯而来收麦租的财主却不放过他们。他一进门就嚷嚷:"麦租呢?今年的麦租呢?难道你们想耍无赖不交了吗?"他左看右看,看实在没粮可收,就亲自动手把他们在石磨上仅存的那点麦粉连麦带粉末都捧走了,一边走出门,一边还哼哼唧唧很不满的样子。

良宰的母亲泪如泉涌,她走出门外,跪在地上发誓:"天哪!穷人这样可怜,但愿我的良宰长大成人,能过上有田地出租的日子,那时一概不收麦租,咱们不要那份贪心。"这几句话,就这样深深地烙刻在站在旁边流泪的小良宰心上。

从此母子俩过着简朴、勤劳的生活。到了田良宰24岁那年,他在梅枝田附近一带,已经买下了许多田地,除一小部分自种之外,大部分开始出租。就在这一年,母亲病了,临死时,她把良宰叫到床前,虚弱地对着良宰说:"良宰呀,我有一句话要对你说……"

"娘,您有什么嘱咐我一定依您。"母亲吃力地只说出"麦租……"下面再也说不下去了,良宰流着眼泪,已经会意了,他抚摸着母亲的额头说:"娘,您放心,我照您的话去做,麦租一粒不收,我绝不要那份贪欲。"母亲点点头,含着微笑咽了气。

从此，田良宰在村里再也不收麦租了。在他的影响下，梅枝田附近各村都有了一条不成文的规定："不要贪欲，不收麦租。"这个习规一直延续了很久很久。

（搜集整理：胡声雷）

田良的故事

田氏自迁居梅枝田村后，一直继承耕读传家的优良家风，一边躬耕陇亩，一边诗礼传家，关心国计民生，其后代名人辈出，其中田守中的父亲、田小福的爷爷田良颇值一提。

田良少聪颖，读书过目成诵，是同辈中的佼佼者；且急公好义，热心公益，深孚众望。民国初年，宁海县议会成立，田良以其名望和学问被选为代表茂林乡（梅枝、一市、七市）的宁海县议员，平时多为民生疾苦奔走呼号。清末，废除科举考试，开设学堂，同乡朱廷辉在杭求学毕业后回到家乡，由于受新式教育的熏陶，立志创办梅枝田村小学以培养乡里子弟。但办学需要经费，那时既无政府支持，又无地方资助，唯有梅枝田村瑞相寺一批祀田的收入可作为经费。但这批祀田一直被城中绅士占有管理。朱廷辉准备将这批田收回作为梅枝田村小学的办学经费，于是与城中绅士涉讼。田良挺身而出，据理力争。但由于对方势力雄厚，县署徇情不予公正解决。有一次田良据理力争，惹得县官掀翻案几，田良奋身上前挡在案几前，严词痛斥县官的无良行径。朱廷辉无奈赴杭申诉，并写信给田良，内有"如不胜，收我骸骨"等语。

朱廷辉在杭州时，正逢巡按巡视到当地，他即向巡按禀告此案，巡按即向府县调取全卷以代核办。知事得知此事非同一般，即星夜派人迎接田良赴城调解，决定将田80石拨归梅枝田村小学作为常年办学经费，余120石仍归文庙所有，同时每年补贴梅枝田村办学银圆16元。但朱廷辉和田良不肯就此罢休，再次在省城对簿公堂，据理力争。幸亏有省府杨志宏秉公断案，责令县绅将瑞相寺祀田全部划归梅枝田村小学作为办学经费，此案最终才以朱廷辉、田良全胜结束。梅枝田村小学始得于1908年建成，比宁海中学还早20年，是当时一市区域国民第一小学。现在，梅枝田村小学旧址设了越溪幼儿园分园。

（摘录自《农民田小福》，作者扶桑，有删改）

田守中的故事

弃笔从戎 田训庭是田小福父亲，后来改名田守中。他是黄埔军校毕业生，也是国民党独立三十三旅政治部副主任，上校军衔。

田训庭作为乡村大户人家的子弟，自然十分重视读书，恪守耕读传家的优良家风。田训庭自小聪颖，好学上进，后考入浙江省立第六师范学校（位于台州）。在六师时，他便接受进步知识、革命真理的熏陶，积极参加各项反帝反封建、推进民主科学的进步活动。毕业后，他满怀救国济民的崇高理想回到故乡，来到距梅枝田村30公里之遥的桥头胡小学教书。

桥头胡小学是一所历史悠久的小学，创办于1906年，至今已有100多年历史。同那个时候无数的有志青年一样，田训庭最初也是抱着教育救国的理想来到桥头胡小学的。他试图通过自己和同仁的努力，在传播知识的同时，也传播科学与真理，通过提高全体国民的素质，来改变国家的命运。然而，压抑的空气、闭塞的环境，使他难以施展自己的抱负。1927—1928年，正是风云变幻的岁月，一方面国民革命如火如荼，一方面反动派、白色恐怖又加紧了对进步力量的扼杀，是"五四"以来开始的革命高潮进入低潮的转折点。面对这样的时局，身处乡间一隅的田训庭坐不住了。中国之大，放不下一张平静的书桌。他不顾家人反对，不顾同仁的劝阻，毅然决定弃笔从戎，走武装救国之路。

武装救国的路自然很多，可以当兵，可以自建队伍。而对于田训庭这样的知识青年来说，最理想的当然是报考黄埔军校了。1930年，田训庭考入黄埔军校，成为第八期步科的一名学员，改名为田守中。

其时，黄埔军校的校址已从广东搬迁到当时的国民党统治中心南京，并设立了武汉等分校。田训庭在此受学三年，深谙孙中山先生手书的校训："三民主义，吾党所宗。以建民国，以进大同。咨尔多士，为民前锋。夙夜匪懈，主义是从。矢情矢勇，必信必忠。一心一德，贯彻始终。"在此，他增进学问，砥砺意志，为日后实施自己的抱负打下了坚实的基础。

温岭三年 从黄埔军校毕业，田训庭被分配到温岭县任县大队副。

温岭县1935年组编民众自卫总队，原国民兵团武装组织归属之，县长兼任团长；1937年改编为县保卫总队，下编常备自卫队和普通民众自卫队；1938年成立常备自卫大队部，下编常备队4个中队，2个独立分队，常以县大队总称之。

大队副是一个怎样的职务呢？因大队长是由县长亲自担任的，但县长要忙一县的党政要务，县大队的工作重担实际上落到了大队副的身上。田训庭实际肩负的是正职的工作，相当于现在的武装部部长。

温岭地处东部沿海，平时海盗、土匪猖獗，当时正值抗日战争时期，兵荒马乱、内忧外患，治安形势更见严峻。田训庭负责的县大队，自然要担负起一县的抗御外侮、安土保民之责。那时，他的家属也随军，已有一个孩子，第二个孩子（女儿）也即将临产，但他以队为家，成天忙于军务、县务，有时碰到有匪情敌情，常常十天半月不回家。

1939年7月4日，日舰艇11艘载500余日军，由6架飞机掩护，在温岭箬山石苍岙、水仙岙登陆，上马牛栏闩、车关等地百姓遭日军焚烧掠杀，民房被烧毁173间，船被毁29艘，百姓被杀34人，伤多人。田训庭获悉后义愤填膺，率领县大队会同箬山、石塘守军和驻松门、淋川、东浦、箬横等地的自卫团队在上马大岙山进行阻击，共击毙敌军7人，伤10余人，迫使日军于8日晚撤退。

此战役令县大队士气大振，也使温岭百姓欢欣鼓舞。田训庭的大名也从此载入了温岭县的史册。此后，日寇不断进犯，县大队奋起还击，充分展示了中国人面对强虏同仇敌忾、视死如归的大无畏精神。

回乡赋闲 随后不久，由于种种原因，田训庭辞去了温岭县大队副一职，回乡赋闲。

说是赋闲，其实并不闲。家里的事、村里的事、乡里的事，逢有不能决断的事，逢有分不清是非的事，总由他决断。他也秉承了他的父亲田良的急公好义、热心公益的秉性，事不分大小，人不分亲疏，一概秉公处理。

不多久，便有人请他出山。这个人就是陈利生。陈利生是象山人，地方反动武装分子，实际上就是土匪，后被共产党消灭。当时有一个叫叶希旦的一市里岙人，曾与柔石同是浙江省立第一师范的学生，当时他在象山南田陈利生部当文书，获知田训庭赋闲在家后，即向陈利生举荐，邀请田训庭到陈部来培训部队。据说陈利生带了上百人的队伍，浩浩荡荡开到梅枝田村，盛情邀请田训庭赴象山履新。

拗不过陈利生的热心，田训庭答应了，前去陈部，也是任大队副（大队长自然是陈利生了），具体职责是负责部队的军事训练。这里还有另外一说，田训庭此去名义上是任大队副，负责部队的军事训练，但实际上，是受党组织的委派，前去陈部策反、收编部队去的。

据叶希旦回忆，1926年春，宁海旅沪同学蒋如琮、章广田、范金镳、俞岳、柔石、林淡秋等受到革命的影响，在党组织的指导下，组织宁海旅沪同学会联络杭甬等地青年，于暑期中相率返里组织消夏社，并借城西正学小学开设暑假补习班，联合当地开明绅士筹备宁海中学，作为争取革命胜利的据点，并建立了中共宁海县第一个支部。田训庭当时还在省立第六师范就读，受进步思想的熏陶，在同乡的组织下，也参加了革命组织消夏社。1928年，亭旁起义失败后，当时的宁海地下党组织部长郑玉英来到梅枝田村小学避风，与田训庭等过往甚密，并介绍田训庭秘密加入中国共产党。

据说田训庭前去陈部培训部队，即是受党组织指派的。

抗日爱国　田训庭所在的三十三旅是一支抗日部队，所以他也是抗日爱国将领。

从李扬强、谢德优的《国军三十三旅抗战旧事考略》可知其若干历史轨迹。

民国三十一年（1942）5月20日至9月1日的浙赣会战，日寇毁坏了金华、衢州等地的大飞机场，打通了浙赣铁路，杭州一带又遭沦陷。原驻守在杭州与金华之间的国军33旅进退无据，受命开赴安徽。在桐庐一带遇别部与日寇作战，遂参加抗敌。又转战于寿昌、金华、兰溪一带。三十三旅作战英勇而伤亡颇众。由于敌人切断了向西的去路，只好于民国三十二年初，向西南折向闽东，由杉洋入西洋。

三十三旅到西洋不久，即在鹤塘榗林隘建木祠八角凉亭一个，其旁垒石塔一座，谓之阵亡将士纪念塔，中嵌40厘米×60厘米石碑一块，中铭"三十三旅阵亡将士纪念塔序"（后乡民中有人以为于风水有碍，遂将该塔摧毁），序文曰：（激于）国家兴亡、匹夫有责之义，奋（起者）凡几！其可歌可泣之事迹诚（有几）何！足以慰忠魂而励来兹。中（受命）领本旅由浙开皖，适逢倭寇，（当即）参加作战。先后与敌战于桐（庐）、□奇，旋转战于寿昌、金华、兰溪。（数处）皆有伤亡，而以攻克兰溪城（为最）。亡者计三百余人，伤者倍之。（遂率本部离浙）进到闽东、闽（北）……

三十三旅在西洋活动范围及于闽东、闽北。该旅重民族气节，颇有闻鸡起舞、枕戈待旦遗风。在西洋教堂边开辟大操场，又将鹤塘小学操场拓宽，日事操练，高喊"勿忘国耻"口号。谢德优岭里家门墙被刻上"明耻教战"四字，路上民墙上大书："头可断，血可流，亡国奴不可做！"鹤塘黄和泰家附近墙上蓝字白底的"精忠报国，抗日到底"字十分显目。旅长曾振通文墨、善书法，上述碑文即其手迹。曾以"养天地之正气，法古今之完人"自励，常对人叹息："此心不死，何处非长城！"

其间，田训庭数次写家书，信末总要署上"还我河山"四字，这是当时他所在的独立三十三旅肩负着的抗日使命。田训庭不仅投笔从戎，把名字改为田守中，还时刻准备着用自己的生命实践自己的诺言。他积极宣传抗日，不忘使命。1944年，他不幸病卒于军旅之中。英年早逝，令人扼腕叹息。好在当地百姓都记得他的好，一直自发地祭奠怀念着他，使后人聊以为慰。

（摘录自《农民田小福》等，作者扶桑，有删改）

田小福的故事

田小福青年时长得魁伟高大，食量和力气均超常人，在兴修水利时曾与村民打赌，肩挑460斤重的石担步行50米，又因睡觉时鼾声震耳，村里人将他比作《水浒传》中的鲁智深，取其绰号为"老鲁"。其性格豪迈坦荡，待人真诚，深为乡邻所喜爱。

1974年，他与乡人一起上山砍柴，乡人不慎扭伤腰，田小福就撂下自己的柴担送其回家，再上山挑自己的柴，回家时天已漆黑。有一年夏天，田小福去自己的稻田担稻秆，路过晒场时，忽然雷声大作，大雨将至，田小福立刻丢掉肩上的担子，去帮助别人抢收晒着的稻谷，帮了这家帮那家，完全忘记了自己挑稻秆的事。

田小福一生勤奋。从20世纪60年代起，他家就开始养猪，先是养肉猪，后来养猪娘、卖小猪。70年代初，他除了在生产队里挣工分之外，还起早摸黑拉手拉车搞运输，把七市供销社收购的"百时草"运到辛岭奶牛场，来回几十里路程，回家后往往是后半夜甚至东方拂晓。他就眯一会眼，白天照样参加生产队劳动。除此之外，他还利用农闲季节卖过油条，贩过耕牛，做过水作，办过轧米厂，凡是农村可赚钱的活计，他都尝试做过。也因此，他曾被当作资本主义尾巴的典型，挨过批斗。但田小福从不气馁，对于当时的政治风云，自有主见。他认为勤劳是农家的本分，用自己力气赚钱并不羞耻，而且还认为当时泛滥的"读书无用论"也是错误的，他坚信国家建设总需要文化人才，所以含辛茹苦地培养子女读书。他的7个子女全部大学毕业,成为国家的有用之才(其中3名分别为人民大学、浙大、西安交大3所全国名牌大学毕业生)。

从70年代末到80年代初,田小福抓住国家调整政策的机遇,承包了35亩农田,成为全县第一家种粮大户。是年,他家粮食总产量达到2万余公斤,除了返还农田户主和缴纳农业税的粮食外,还卖给国家1.4万公斤粮食,获利6000多元。他被评为浙江省粮食生产优秀专业户。此后,田小福承包的责任田越来越多,最多时种到50亩,每年为国家提供粮食2万余公斤,并于1989年被评为宁波市级劳动模范。党和政府不但给了他农业生产上的许多支持,还在政治上给了他许多荣誉。从1987年开始,他连续当选为县政协第三届、第四届、第五届委员和常委。1988年,他又被推选为第七届全国人大代表。1993年,他被推选为宁波市第十届人大代表。

田小福虽身体健硕、心胸豁达,但因年轻时身体透支,晚年多病,两次死里逃生,最后一次终于没能逃脱死神魔掌,于2004年3月31日凌晨病逝,卒年64岁,令人叹惋。

(搜集整理:陈先良)

崔溥漂流

1488年正月初二,朝鲜人崔溥惊闻父亲去世的噩耗,归心似箭,一行四十多人立即从济州出发,返里奔丧。

谁料天有不测风云,途中海上突然刮起狂风,卷起巨浪。在汹涌的波涛中,官船犹如一片孤叶,时而被抛到浪尖,时而跌至浪谷。船帆被撕破了,官船就像脱缰的野马失去控制,船上众人被狂风巨浪吓得不知所措。

崔溥临危不惧,一面指挥随从砍倒桅杆以免船体倾翻,一面大声对众人说:"我察看过船体,目前尚且坚固。我们不能坐以待毙,家中父母妻儿还等着我们呢!"他要求大家各司其职,该修补的修补,该舀水的舀水,不可慌乱。大家听了崔溥的一番话,都振作起精神与风浪做殊死搏斗。

官船在海上漂流的十几个昼夜,崔溥一行几经绝境。

吃的食物本来就带得不多,现在已经被海水尽数冲走,许多人悲观绝望。崔溥让大家翻遍船上的行李,找到50个柑橘和两盆酒。崔溥说:"我们都是同国之人,要活一起活,要死一起死。现在船上只剩下一些柑橘和酒,不到紧要关头，不可轻易食用。"他专门派人保管，以备救急之用。没过几天，柑橘和酒也用完了，大家就喝自己的尿维持生命。

众人几天没水喝，嘴唇干裂出血。恰逢天上降雨，大家迫不及待地仰头接雨水止渴。崔溥马上想到该把雨水贮存下来，便命众人取出船上所有衣服，让其吸足雨水，再把渗入衣中的雨水拧到瓶里，好不容易才贮存了几瓶救命水。

疲劳和饥渴考验着人们的体能，也考验着人们的意志。许多人失去了对生的希望，眼睁睁地看着灌进船里的水越聚越多。崔溥一面鼓励大家不可坐以待毙，一面亲自去船舱舀水，以实际行动激励人们与死神做斗争。

几经劫难，官船漂至宁波府界的洋面上，又遇海盗，船上物品被洗劫一空。同船的人忍无可忍，欲奋起反抗。崔溥冷静地劝止众人："我们都已疲惫不堪，与其拼搏无异于自取灭亡，不如将财物给他们。"这样，一船人才得以保全生命。

船复漂至牛头外洋，再遇海盗围困。这时，天下起雨，贼徒们都钻进船舱避雨。崔溥一行人趁着夜色，果断地弃船登陆，逃脱了险境。

他们在海上漂流14个昼夜，是一次生死之旅。崔溥以他的聪明才智和顽强的毅力，率众战胜了死神，终于获得重生。

崔溥一行登陆后，又被当地百姓疑为倭寇，几次陷入绝境，可算是历尽劫难。但崔溥一言一行始终遵循自己做人的准则，始终维护着国家利益和尊严，显示出一个儒士的铮铮铁骨。

在牛头外洋脱险后，崔溥一行循岸在越溪登陆。他们历经颠簸，已经筋疲力尽。崔溥特别提醒属下："我国是礼仪之邦，不管在怎样的处境下，都要按照我国的礼仪去做。每到一处都要按照职位逐级拜跪，不能有丝毫的马虎，遇见行人要一一行作揖礼，使这里的人们知道我国礼节。"

惊魂未定的人们一上岸，又被村民疑为倭寇，遭受追打。但在崔溥的教导下，一行人仍以礼待人，他们的言行感动了当地官民。有一官吏知道崔溥的身份后，深为感慨地说："早就听说你们国家是礼仪之邦，今日一见，果然不假。"并设宴热情招待崔溥等人。

宴席上，主人拿出酒肉款待。早已饥肠辘辘的崔溥竟然说："我朝鲜国人守孝时，是不吃酒肉的。"一句话，使在座的人深为敬佩。

崔溥在返国途中，经过界首驿站时，护送官员见崔溥一名叫文回的属下在催赶驴子，嫌他走得太慢，就用棍棒击打文回。崔溥见属下遭打，不怕得罪护送官员，理直气壮地质问："擅自用棍棒打我们外国人，难道你们有这样的法律条文吗？"他又到前卫屯管军都指挥晟铭处据礼陈告，前卫屯管军都指挥晟铭查明真相，立即严惩了当事人。

一日，我国一官员与崔溥闲聊，得知崔溥做过军资监主簿时，便随口问起兵粮的储备情况。崔溥知这是国家机密，不可泄露，便推说："我只是一个文官，做军资监主簿还不足一月，尚不知道军粮的情况呢。"崔溥得体而巧妙的回答，令官员不好再问。

热爱祖国，时时处处遵循祖国的道德规范，时时处处维护国家利益尊严，这就是崔溥立身行事的准则。崔溥回国后，被朝鲜国王成宗赞誉为"跋涉死地也能华国"。

（摘录自越溪初中校本课程，有删改）

中韩共叙漂海佳话

500多年前，遇风暴而漂至宁海的朝鲜人崔溥怎么也不会想到，他的这次漂海之旅竟成为中韩友谊史上的一段佳话。

明代弘治元年（1488），朝鲜弘文馆副校理崔溥等43人遇风暴漂入宁海，受到当地军民的热情款待。他在宁海停留了8天，并在越溪巡检司城住了一宿，受到巡检司官兵的敬待，这让崔溥念念不忘。之后，崔溥一行在我国军民护送下返回朝鲜。回国后，他用中文写下中国见闻录——《漂海录》，有"东方的《马可·波罗游记》"之誉。《漂海录》中记叙了崔溥一行留宿越溪巡检司城一事，成为越溪人对外交往的最早记录。

事隔500多年，2002年7月11日上午，越溪小学内人山人海、锣鼓喧天，由崔溥后裔及有关专家等108人组成的韩国"漂海踏访团"与当地各界人士举行"崔溥漂流事迹碑"揭幕仪式。中韩友人欢聚一堂，畅谈崔溥漂流事迹，重叙中韩人民的深厚友谊。在揭幕仪式现场，踏访者们都抑制不住内心的激动，纷纷在"崔溥漂流事迹碑"前拍照留念，边阅读边摩挲着碑文，感慨不已。

崔溥后裔、"崔溥漂流事迹碑"建立推进委员会会长崔锦焕先生动情地表示："今年是中韩建交10周年，越溪又是有恩于先祖的一方宝地，在这里建碑，其意义不仅是对先祖的缅怀，也是对宁海人民深情厚谊的铭记，我们将把两国人民的友谊世世代代相传下去。"

"崔溥漂流事迹碑"建立后，更加密切了中韩间的民间文化交往。崔溥后裔将常来此瞻仰；中韩专家以此为契机，经常开展《漂海录》一书的学术交流活动；崔溥家乡的小学意欲与越溪小学结为姊妹学校，并将中韩友谊一代代地传下去。纪念碑前的荷花池里，荷叶正在生长，等到夏日，满池的荷花将再一次迎接远方的客人。

（摘录自越溪初中校本课程，有删改）

越溪巡检司城

从元代开始，倭寇常常侵犯宁海县沿海，烧杀掳掠、无恶不作，人民深受其苦。

为了防御倭寇的进犯，明洪武三年（1370），朱元璋在沿海要害之地设立了卫、所、司各级边防机构，屯兵防守。卫、所都是军队编制，由国家派兵驻守；巡检司，相当于边防哨所，以巡检县境内港为主。

明正统十三年（1448），县丞刘昌负责修筑了越溪巡检司城，也就是当时的亭头关。城筑在亭头江畔的小山岗上，俯瞰亭头港，与隔港的亭头山遥遥相对，是扼守宁海县的重要关隘。城垣呈椭圆形，南北约265米，东西约200米，周长约800米，城墙高约6米。城门向东，门内有士兵把守，戒备森严。城上建有箭垛、窝铺，以抵御倭寇进犯。

清康熙九年（1670），巡检司城改为越溪南寨，又分兵驻扎在隔江的亭头山上，称越溪北寨。新建营房180间，驻兵最多时有500人。当时交通以水运为主，南北两寨犹如一把铁钳，有力地维护了县城出入口的安全。

明嘉靖四十年（1561）四月，倭寇进犯宁海、台州，劫掠圻头（今越溪岐头）和桃渚（临海）。当时任台（台州）、金（金华）、严（严州）参将的戚继光，率领戚家军主力驻扎宁海，扼守越溪寨等南部防线，在龙山与倭寇大战，首战告捷。接着乘胜追击，在黄岩、临海、仙居等地九战九捷，全歼敌寇，打出了戚家军的威名。

越溪巡检司城，不仅是宁海县一处著名的古代军事要塞，是宁海县一反侵略斗争的纪念胜地，也是宁海县古代人民和国外邻邦友好交往的一个历史见证。

明弘治元年（1488）农历闰正月初三，朝鲜弘文馆副校理崔溥一行43人由济州返里，途中遇到风暴，在海上漂流14昼夜，在牛头洋畔的小渔村登岸，曾在越溪巡检司城逗留，受到当地居民的热情款待。越溪巡检司成了中朝人民友谊交往的一个驿站。

现在，山岗上仍留存着昔日越溪巡检司城的遗址，那断壁残垣似乎向人们诉说着昔日虎旗猎猎、戎兵鹤立时的威风。

（摘录自越溪初中校本课程，有删改）

戚继光越溪抗倭

宁海越溪村村东有一个小山坡，山不高，漫山种满茶叶。但在明初，这里曾经有一座雄伟的城堡。城堡依山建筑，高大厚实的城墙把城堡围得铁桶似的。城堡四周设有雉堞、碉楼，内有兵营、练兵场、水井，还配有火铳弓弩、滚石檑木。城垛上插满旌旗，竖着大刀长矛，好不威风。这里就是越溪巡检司城，用来抵御倭寇的入侵，保卫着宁海城乡人民安宁。

倭寇这群亡命之徒，是日本一些败落的武士、浪人。他们经常与汉奸勾结，入侵我国东南沿海地区，抢劫民财，杀人放火，无恶不作。那时，东南沿海一带的老百姓不敢下海捕鱼，不敢下田耕作，因而怨声载道。

越溪是三门湾的主港口，当地的百姓遭受倭寇的灾难更为深重。明朝皇帝朱元璋下令在各地设立防御机构，用来对付倭寇的入侵，越溪的巡检司城就是一例。

自从有了巡检司城，倭寇对越溪便有些顾忌，不敢再轻易进入境内。但这一群见财眼红的魔王死不甘心，一有机会，总是千方百计窜到越溪抢劫、放火。百姓们恨之入骨，多次要求官府派兵消灭他们。

当时，宁海属台州府，抗倭指挥官是大名鼎鼎的戚继光将军。他有一支训练有素的戚家军，曾多次与倭寇作战，屡战屡胜。倭寇不敢与戚家军正面交战，便与戚家军玩起捉迷藏的游戏来。他们常在戚家军未设防的地方上岸，进行疯狂的抢、杀、烧，气势汹汹，可戚家军一赶到，便马上溜下海，回老巢去躲起来。所以，戚家军一时很难消灭这群倭寇。

一天，倭寇又集结了百余艘船、两万多人，企图入侵台州。戚继光亲率主力来到宁海，设下巧计，准备一举歼灭倭寇。

戚继光先让越溪村村民们不分男女老少穿上官兵的衣甲，在越溪巡检司城内来回走动。倭寇以为戚家军主力在越溪，就去西店抢劫。他们一上岸，就被早已埋伏在西店的戚家军打得落花流水、屁滚尿流，差点全军覆没。

上了当的倭寇恼羞成怒，连忙调兵遣将，准备强攻越溪。谁知戚继光早有所料，经过一路的急行军，戚家军已在倭寇来到之前，迅速将主力调回越溪巡检司城，只等倭寇来送死。

果然，倭寇倾巢而出，涌到越溪。他们来到巡检司城城下，还没来得及向上爬，忽然，巡检司城上竖起了一面大旗，旗上分明写着一个令倭寇闻风丧胆的斗大的"戚"字。紧接着，城上石块、檑木纷纷向下滚落，千万支利箭直向倭寇射来。别看倭寇平日里气焰嚣张、不可一世，实际上是一群乌合之众，一遇上戚家军，早就魂飞九霄，哪敢应战。尽管倭寇头目在后面"叽里呱啦"地乱叫，队伍还是潮水般地往后退。倭寇头目知道大势已去，下令撤退，可已经晚了，退路已被戚家军切断。"杀……"戚家军带着对倭寇的满腔仇恨，个个如猛虎下山，以排山倒海之势冲向倭寇。亭头江畔，展开了一场激战，喊杀声震耳欲聋。不到一个小时，倭寇已失去招架之力，被打得鬼哭狼嚎、乱作一团。他们投降的投降，跳海的跳海，狼狈不堪。

战斗结束后，越溪百姓欢欣鼓舞，涌上城来慰劳戚家军，共庆胜利，越溪巡检司沉浸在节日般的欢乐之中。

这次战斗戚家军大获全胜。此后，倭寇再也不敢来越溪骚扰百姓，越溪人民终于过上了安定的日子。

（摘录自越溪初中校本课程，有删改）

2. 老 话

长洋畚箕湾，雷鼓白岩山，大虫花猫整大班。

豆腐心肠，越煮越硬。

喝酒吃肉多朋友，上山打虎亲兄弟。

做生意人勿拐骗，下世种牲呒人变。

种田单怕夹株稗，做人单怕挖眼睛。

好细意勿细意，脱裤子去放屁。

好着勿着，当卵子一脚；好省勿省，念佛去送鲞。

只要心生正，不怕和尚尼姑同板凳。

树有根枝有叶，人有上伦下节。

只有望子成龙，无有望子成虫。
半担屙要荡，真本事勿讲。
月亮再亮不能晒谷，日头再猛煮不熟饭。
宁可帮乖人挈草鞋，难不吪用人做军师。
抲来的蜂勿做蜜，自由恋爱幸福长。
做贼吪种，单怕人哄。
夫妻恩爱，讨饭掰袋。
读十年寒窗，不如坐一年路廊。
只为自家肚皮饱，勿管他人镬要漏。
卖姜人吃落芽，卖蒲扇用手遮。
老鹰偷小鸡，从来勿客气。
田要精耕，囡要亲生。
人无全人，金无足赤。
在生勿孝顺，死格放大命。
廿年媳妇廿年婆，再过廿年做太婆。
咸菜饭吃勿厌。
想靠亲房叔伯，肯定眼乌珠饿白。
田地要近种，嫁囡要远送。
老酒注注，南风吹吹，有吃吪吃，起三间朝南屋。
外面充大佬，屋里瞓光灶。
三两蟢蛑四两蒲，勿蒲要罪过。
钿财八只脚，一世追勿着。
一脚想上天，天门还未开。
天萝勿识丑，生到九月九。
立夏勿耕田，有谷也是冇。
勿懂装懂，头皮撞胖。
吪不铜钿买有力，早瞓早将息。
相府丫头抵知县。
只有同镬吃饭，难同班挣钱。
炭畚吪处寻，雪畚悬灵灵。

黄狗打相打，害丘秧田。

癞头还勒癣凶。

三天张蒲，四天晒网。

磨麦吭人吃面。

末后生勿高兴。

老来生大病。

犁铳未断，曲树已出。

泼出的水难收，木勺倒了难箍。

做戏难怕丑，讨饭难怕狗。

各庙各菩萨，各鸟各嘴甲。

状鱼靠虾做眼，雄鲎雌鲎未掼。

白岩山，九皋潭，龙王龙婆行雨嘞。

好安稳勿安稳，弹涂落竹滚。

做砖瓦靠坯，种番薯靠灰。

鲻鱼种田埂，外行看看真相像。

漆漆好勿学，只要涂嘞薄。

杀羊好勿学，望耳朵后落。

裁缝勿偷布，死阿勿心过。

泥水的嗷，木匠的敲。

卵袋洋汤汤，身家勿健康。卵袋像只树婆枝，郎中先生要气死。

要热勿热，五谷勿结。

六月盖被，有谷吭米。

臆糟叭啦。

忖忖真是个。

上山难敲柴株桩，落海难追弹涂郎。

人面难求，土面可求。

十指尖又尖，养猪剩把干；指头厨卜卜，养猪三百六。

修旧屋，樋冷粥，上屋搬下屋，亏损三箩谷。

山上头人嘴巴吭告听，屁股来搭凳，先许锄头柄；海下头人嘴巴响，勿管亲近与远疏，都会许虾许鳖。

斧头口，口接口；锄头口，养千口。
烂芋头抵粽，烂番薯没有地方送。
难望人家麻糍当夜饭，土面可求吃勿完。
猫来穷，狗来富。

3. 方　言

滚壮（很肥）　　　　　　　介绽株（很结实）
勿在行（不懂）　　　　　　靠硬（过硬）
眼火（眼力）　　　　　　　门门将（按道理）
饭碗头（有保障的工作）　　做新妇（做新媳妇）
介海会（装显赫）　　　　　聋彭人（聋哑人）
一眼眼（一点点）　　　　　依依名（做做样子，没有实质）
打相打（打架）　　　　　　介把节（那么勤劳）
偷伴盘（偷偷地）　　　　　占相应（占便宜）
做小货（自找苦吃，没人晓得）　晏眼居家（晚点回家）
吭告讲头（无话可说）　　　撮记章记（动手动脚）
三更半夜（半夜凌晨）　　　屙鲁拌糟（没有头绪）
落雨天价（下雨天气）　　　呆头刮气（傻里傻气）
撑顶风船（对着干）　　　　浪浪食食（浪漫）
契夹袋（吝啬）　　　　　　寻生事（找碴儿）
偏生（偏要）　　　　　　　调排（戏弄）
拦腰（围裙）　　　　　　　吭清头讲（没有依据，乱讲）
麦田畎（田间小路）　　　　吃昼饭（吃中午饭）
没结刹（没有出息）　　　　好猛猛（突然）
羹杠（老灶头烧大锅饭、炖小菜的竹编架子，蒸格）
擂卷杠（就地打滚）

4. 谜 语

矮军师，计策高，肚里灵笼，气难逃。（谜底：镬盖）

两头尖尖，住在水边，人家讲其水吃饱，其讲水来见也难。（谜底：竹成销）

全身结，满口铁，把头发脑来一把挈，眼泪水浃浃。（谜底：收网）

竹家女子生得好，廿岁后生来夹腰，脱了裤，露了毛，做起事来湿糟糟。（谜底：毛笔）

深山有只恶鸟精，身长六尺零，动雷阵阵勿落雨，大雪纷飞汗淋淋。（谜底：弹棉花）

阿嫂，阿嫂，一把扳倒，上头亲嘴，下头扣好。（谜底：吹火棍）

麻壳子，红里子，裹着白胖子。（谜底：花生）

5. 歌 谣

蚂蚁帮我抬大树，我帮蚂蚁砟短柱。前门后门关关牢，砧板白刀带带来。蓑衣笠帽都穿好，样样工具要整到。

草籽开花满天星，蚕豆开花黑良心。油菜开花黄如金，豌豆开花九莲灯。

火萤团，夜夜来，一夜勿来摸灰堆。大红花轿抬你来，站在桥头望你来——也勿来。高头大马驮你来，坐在坑边等你来——也勿来。驼背阿叔背你来，金羹玉饭请你来——也勿来。红头细绳吊你来，毛竹稍丝打你来——也勿来。火萤团，都勿来，弄得我们没法来，明晚约帮朋友重新来，请你到我门前吃杨梅。

山里山，湾里湾，萝卜开花结牡丹。牡丹娘子要嫁人，千金小姐做媒人。媒人到，讲排场。花轿到，哭爹娘，上轿哭三声，落轿拜观音。观音堂上来拜堂，夫妻双双入洞房，红绿帐子大眠床，笋干豆腐汤，嘴巴吃得油汪汪。

跷跷板，跷跷板，两个小鬼哈哈笑。你落地来我上天，一直翘到楼屋檐。

脚跳跳，跳到外婆家。外婆呕我吃糖茶，娘舅摘枇杷，舅姆串人家。

燕啊燕，飞上天。天门关，飞过山。山头白，飞过麦。麦头摇，飞过桥。桥上打腰鼓，桥下抬新妇。

6. 谚 语

六月尽,七月半,八月十六勿用算。

雨打秋,件件收。

雨打秋头廿天旱。

黄霞黄霞,大水澎涨;红霞红霞,晒煞外婆家。

春霜三交白,晴到割大麦。

芒种无雨,紧割小麦两天半。

大暑油麻,小暑豆。

五月种芝麻,立地生芽槎;六月种芝麻,脑头开朵花。

七葱、八蒜、九大蒜。

八月种剥芥,牛都吃不败。

处暑白露蓇,寒露栽菜苗。

有稻无稻,寒露放倒。

7. 楹 联

田氏家庙里有着最为凝练的家族精神概括。"侯绪英风冠万世,帝邦义烈足千秋"以及"精忠难忘元代加赠英助伯,大节不磨前梁敕封靖边侯""辅梁朝赤心报国,存秉祀青史流芳"等六对古老的诗词楹联,歌颂的都是宁海田氏先祖田什将军精忠报国、节义凛然、开疆拓土、造福百姓的故事。

村里除了歌颂田氏先祖田什将军的六对楹联,还有劝农、劝学等家风祖训楹联六对。其中,明末清初梅里书院楹联"积德不倾择交不败,读书不贱守田不饥""绵世泽莫如积德,振家声还是读书"更是影响广泛、绵泽后世。

祥下道地门匾上有"座拥犀峰环一角,门迎狮嶂振双铃"的对联和横批"雅爱吾庐",是屋主田守中所题刻,其中"犀峰""狮嶂"都是宅子周边的风景。门匾"雅爱吾庐"背面还有四个字——"中外共和",可见田守中的远见卓识和对和平的向往。

8. 竖屋祝词敬语

请鲁班

鲁班桌上放上供品，还有木匠师傅的锯斧、墨斗、角尺等用品，中间还有一盘钱币和大小不一的数枚元丁，点上香烛，然后由把作老师致鲁班仙师文曰：

于中华人民共和国公元某年某月某日，喜逢黄道，巧遇紫微，仙师子弟受东家委托，在吉地架金梁立玉柱，谨备薄礼一席，恭请天界玉皇大帝、王母娘娘殿前五官、四大天王、紫微大帝、伏羲神农、鲁班仙师、姜子牙仙师、文王八卦仙师，下叩地府值年太岁，本境土地，今有某县某乡某村户主携合家大小伏地叩首：

愿地盘永固，财丁两旺，出入平安，幸福康健，老者如山不动，小者如水长流，三槐兆庆，五桂流芳，通胜万有，惠我无疆。

祝词毕，由把作老师敬酒三巡，致酒词曰：

第一杯酒先敬天，风调雨顺万万年，五谷丰登家和睦，国强民富尧舜天。

第二杯酒再敬地，地使阴阳百草生，春有芳华荷花香，冬有蜡梅迎寒放。

第三杯酒敬鲁班，鲁班仙师下凡间，安得广厦千万间，安居乐业胜神仙。

敬完三杯就上梁，顺利平安大吉昌，忠诚作柱稳当当，耿直为梁福寿长。

主人手拿红布递给把作老师，木匠师傅递给东家木榔头一对，接榔头时主人还需准备红包给木匠师傅，这时把作老师有祝文曰：

手拿东家一片绫，一丈三尺还有零，左栓三下增富贵，右栓三下点状元。

榔头尺寸勿用量，鲁班仙师定阴阳，榔头挂在东西方，合家大小福寿长。

红布环抱金梁上，豪光常照吉祥家，一年四季无灾难，龙虎康健过人生。

升梁、上梁时要敲锣鸣炮，东首泥水老师、西首木匠老师一头一根绳，边拉边唱，祝文曰：

  手持金绳提金龙，金龙挂在半空中，摇头摆尾真威风！

  我问金龙归何处，金龙奔向紫微宫，龙子龙孙世代红。

正梁就位，祝文曰：

  东家今日架金梁，喜逢黄道降吉祥。金龙登上正梁位，鲁班仙师到现场。

  金梁架得稳当当，吉星高照瑞气扬。金玉满堂万事昌，荣华富贵世代享。

  十月芙蓉赛牡丹，百客前面口难开。丛班弟兄莫嘲笑，看事容易做事难。

脚踏云头步步高，凤凰飞过采仙桃。仙桃采来盘盘满，王母娘娘来献桃。

抛馒头彩话

当家人抛馒头，东家携子女手拿彩布，拉住四角在中间接馒头。祝文曰：

  第一只馒头落地，兴天发地；第二只馒头落地，荣华富贵；第三只馒头落地，四方大利。

接下来，向东南西北方向前来捧场者抛馒头，祝文曰：

  馒头抛向东，子孙后代做富翁；馒头抛向西，子孙后代做五部；馒头抛向南，子孙后代中状元；馒头抛向北，子孙后代做都督；馒头抛向中，百样行业都精通。

9.武术、戏曲与医药

武术、戏曲

武术 梅枝田村有传统武术技能，村中三四百斤的大石墩就是当年先祖练武的凭证。还有些武艺比如小洪拳、大洪拳、狮子拳等，从田氏祖上一直流传下来。村里还有狮子队。

戏曲 以前祖上沿袭关中遗风，曾有京剧班及伴奏乐队，后在"文革"时逐步失传。因梅枝田村特殊的渊源及文化传统，戏剧教化深入民心，而受众的素质也是看懂戏中精髓的关键。每年年节、清明时分都有几天大戏上演，台上演出与台下观看都很入戏，正如戏台匾额上告诫"莫作戏看"。简单的几个字在戏剧上演之时，时时刻刻提醒着观众：台上的故事，也是台下的故事。梅枝田村平调剧团是宁海平调史上不可忽视的一部分。这是一支持续不衰的乡村文艺团体，团长田启仁被载入宁海文艺史册。梅枝田村的文艺灿烂之花一直持续盛放到新中国成立后的上田俱乐部。上田俱乐部由上田民间老艺人担纲，演出了几十部剧目，在历次调演大会上屡得嘉奖，是当时农村农民思想教育的主阵地，影响极大。在农村文盲占多数、教育方式有限的旧时代，祠堂戏曲直观生动的表演，不仅娱乐了民众，丰富了他们的精神生活，也起到了教化民风作用。

草药与医术

香薷草　秋天，每家每户都有人去拔香薷草。香薷草晒干后，到第二年夏天烧茶时放上几棵切段的香薷干草，能起清凉防暑的作用，茶水入口还有一股清香，非常爽口。

紫苏　小时候，村里家家户户屋前屋后花盆里养上几株紫苏，用来泡水治痱子或是治蚊虫叮咬。紫苏叶能散表寒，发汗力较强，可用于治疗风寒表证，常配生姜同用以治病；如表证兼有气滞，可与香附、陈皮等同用。紫苏叶还可用于脾胃气滞、胸闷、呕恶。紫苏有特异的芳香，香气幽雅，可使人免遭蚊虫叮咬，不让毒蛇近身。现在很多人菜里也喜欢放点紫苏叶，调剂口感并理气开胃。

生姜　生姜不仅是做菜的作料，也是一味中草药，可治感冒等。如果有淋雨、受风寒等状况，把生姜切片与红枣、红糖一起煮汤，就是一味又好喝又营养的汤药。梅枝田村老人中一直流传着这样一个传说：当年白蛇上天取回来的仙药就是生姜，它有祛寒保健的作用。

萝卜　萝卜是农家必备的菜肴，秋冬后常食之，对人体健康有益，也可算一味中药了。梅枝田村还有一句谚语流传：冬吃萝卜夏吃姜，气死郎中和医生。

治透针　眼睛生透针，民间偏方就是让父母在孩子中指上扎根线，这样马上就能治好。如果左眼有问题就扎在右手中指上，右眼有问题就扎在左手中指上。此方法方便，据说效果也很好。

头痛发热念出惊咒　如果谁家小孩头痛发热、神志不清，过去的经济条件有限，请不起医生，村里有几位老人就用民间土法偏方治疗。他们在生病小孩家拿上一升米，在升里面四角和中间放上五枚铜钱，再用红布将升包住，然后点上三支清香，口中念道：拍一消，天惊，地惊。一边讲一边用红布包成的升在小孩头上不停地转，然后继续念：床公床婆惊，床子床孙惊，床前床后惊，爹娘父母惊，上有门环惊，下有门槛惊，灶前灶后惊，屋檐前后惊，沿街头尾惊，路头路尾惊，地头田尾惊，猫儿狗犬惊，有惊出惊，无惊退晦，时时退惊，更更退晦，出一惊，稳一心，拍一消，全都好。说来也怪，放在米里面的铜钱不但没有掉出来，反而往里钻，升里面的米也浅去一角，在浅去一角的方位，把剩下的三支清香插上。这样一道程序下来，效果也不错，一般小孩就能起床要东西吃了。

10. 茶文化

叶隽《煎茶诀》

清初文士叶隽，字永之，越溪梅枝田人。旅居日本，著有《煎茶诀》。日本现有用日文假名标注的两种汉字刻本：一是宝历（1751—1764，即清乾隆十六年至二十九年）本，现藏大阪中央图书馆；二是明治戊寅（1878，即清光绪戊寅四年）本。明治本还有著名慈溪籍旅日华人王治本（1835—1907）撰写的序言。

《煎茶诀》在传承中国唐代的煎茶法以及促进煎茶法在日本的传播中，具有一定意义。2007年，商务印书馆（香港）有限公司出版的《中国历代茶书汇编校注本》，将上述两种版本均收录其中。下面分享叶隽所撰的内容，总共六则。由于"文革"期间有些宗谱被烧，目前无法确认叶隽生平，但清代越溪小梅枝村是叶氏家族聚居地。《煎茶诀》国内不见著录流传，作为乡土资料，暂录明治本供参阅。

藏茶 初得茶，要极干脆。若不干脆，须一焙之，然后用壶佳者贮之。小有疏漏，致损气味，当慎保护。其焙法：用卷张纸散布茶叶，远火焙之，令煜煜渐干。其壶如尝为冷湿所漫者，用煎茶至浓者洗涤之，曝日待干、封固，则可用也。

择水 煎茶，水功居半。陆氏所谓"山水上，江水中，井水下"。山水，拣乳泉、石池涓涓流出者；江水，取去人远者；井，取汲多者佳也。然互有上下，品可辨也。有一种水，至澄而性恶，不可择。若取水于远欲宿之，须以白石椭而泽者四五，沉着或以同煮之；能利清洁。黄山谷诗：锡谷、寒泉、椭石俱是也。

洁瓶 瓶不论好丑，唯要洁净。一煎之后，便当辄去残叶，用棕扎刷涤一过，以当后用。不尔，旧染浸淫，使芳鲜不发。若值旧染者，须煮水一过，去之然后更用。

候汤 凡每煎茶，用新水活火，莫用熟汤及釜铫之汤。熟汤，软弱不应茶气；釜铫之汤，自然有气妨乎茶味。陆氏论"三沸"，当须"腾波鼓浪"而后投茶；不尔，芳烈不发。

煎茶 世人多贮茶不密，临煎焙之，或至欲焦，此婆子村所供，大非雅赏。江州茶尤不宜焙，其他或焙，亦远火煜煜然耳。大抵水一合，用茶可三分。若洗茶者，以小笼盛茶叶，承以碗，浇沸汤以箸搅之，漉出则尘垢皆漏脱去；然后投入瓶中，色、味极佳。要在速疾，少缓慢，则气脱不佳。如华制茶，尤宜洗用。

淹茶 华制茶，不可煎。瓶中制茶，以熟汤沃焉，谓之泡茶。或以钟，谓之中茶。皆当先胁之令热，或入汤之后盖之；再以汤外溉之，则茶气尽发矣。

叶隽的这部《煎茶诀》，虽然不长，内容不甚丰富，但很有一些自己的见解，并没有盲从前人的论述，而且还记载了一些前人不曾涉及的领域。这些观点很有新意，也很有道理。当然也有一些疏漏错误的地方，比如说"淹茶"是《茶经》里的叫法，就属于误记了。当然，整体上，这部《煎茶诀》很值得我们去学习、借鉴。

（摘录自李恒迁等主编的《宁海古村落（二）》，有删改）

（四）宗姓家谱

1. 田氏宗谱

宗谱分老谱和新谱，现今保存的老谱编于1949年，共六卷。新谱修编于1984年，共五卷，其中卷一至卷四分上下册。宗谱记叙详尽，始祖可考，各世各房各支脉络清晰。祖训、族规、世德、尊儒重教渗透在这个古村落，从古至今耕读传家，文人辈出，读书蔚然成风，古代进士秀才层出不穷。

2. 祖训、辈分排行、祭文

耕读传家祖训

自移居梅枝始，田氏家族依山而居，县道穿村而过，溪水依路而下灌溉农田，以五市街为中心不断拓展，从此繁衍生息。耕读传家历来是田氏家族信奉的祖训，在田氏开始在梅枝扎根繁衍始，田氏家族便将此项训诫摆在了重要位置。深居山间，要家庭富足便要劳作，要精神富足便要学习，耕田可以事稼穑、丰五谷，读书可以知诗书、达礼义。"耕读传家""厚德笃学"等，让族人既学做人，又学谋生，有了这两样传家宝，家族才能不断延续而兴盛。

田氏祖训，是田氏家庭、家族修身治家之道德规范，以"修身齐家"为宗旨，集儒家做人处世方法之大成，思想植根深厚，含义博大精深。许多内容传承了中国传统文化的优秀特点，比如孝亲敬长、敬老爱幼、勤俭持家、遵纪守法、择业守规、邻里和睦等，在今天仍然有现实的教育意义。田氏祖训有十条，具体如下：

重孝友　万事孝为先，上伦下有节。今朝行孝道，他年便知晓。圣贤千言万语，只教做人道理。孝悌之理可通神明，亦可光耀四海，故尧舜之道亦不外乎于孝友。

崇忠敬　人之一生，生之者亲，成之者君，所履者朝廷之地，所食者君王之粟，谁敢以地位不同而忘爱士之忧？无论为官入仕俱忠于执政党派，即应每人而守法规，凡事都不失忠敬两字，不管庶乡党翼都要做到。

敦礼仪　礼者，人之属也；义者，事之宜也。行非礼则践履皆抛，一事失义则根基尽坏。非帝王之法言不敢言、行不敢行，循九思、守四箴，则可以无悔于世也。

守信用　人无信不立，守信者亦能表现出人格之高尚，言而无信者枉来人世一回。人当谨行之，切勿随意而为，方可保住名节。

正名分　宗支一脉相承，尊卑自有定数。做到长次有序，不失其伦理，则名正方能言顺，亦可服人，庶不愧大家之风度。

尊师朋　人生在世，三人行必有我师，一日为师，终身为父。若能做到尊师朋就是夯实做人之根基，人生大厦才能稳固，人生道路才能通畅。

培祖茔　坟场，乃祖宗阴灵所归属之地也。子孙荣辱富贵攸关重要，须宜保护龙脉，栽培树木。凡遇祭扫之日，更当及时修整、培土，更不能随意破坏。

倘有不肖子孙盗卖坟山，私砍冢木者，合族理应攻之。

倡勤俭 勤俭者乃兴家立业之根本。勤读书者则功名必成，勤耕者则衣食必丰，勤艺者则术必精，勤商者则财必裕。祖宗兴隆来自勤俭，子孙贫贱败于怠惰，倘有怠惰者速诫勉之。

戒骄奢 谦谨为守身立业之要务。今人有财便欺人、有势便凌人者比比皆是。始不知人在做，天地鬼神在视之，切不可骄傲自大，存有奢念之心。应思如何安分循理、保身延年，争做宗族乡党有作为之人。

息诉讼 万事忍为高，退一步海阔天空。争强好胜乃败家之根苗，族中如有微畔雀角，作为家长理应分辨是非、谅解对方，终使双方团结和睦。不偏私、勿护短，以理服人，永息诉讼，讲究大局，共创和谐，振兴家邦，才有希望。

田氏辈分排行

梅枝田从始祖南宋田均鋠迁居至此，已历750多年了，排行（辈分）如下：

均	印	伯	谷	思	友	宗	仕
永	仲	良	维	承	汝	世	家
景	其	方	绍	亦	启	康	太
生	材	育	人	定	国	安	邦

农村起名用到排行，长幼分明。修谱要用到排行，起到"寻根留本，清缘备查，增知育人，血肉联情，承前启后"的作用。

田氏祭祖祭文

清明祭文 维公元□吉日，时届□清明，熏风和煦，万物滋荣，田氏合族裔孙谨备果品佳肴，香帛冥金之仪，缅怀先祖恩德，永世不忘，继承祖业，后继有人，田氏裔孙举族祭祖，肃立田氏家庙堂前祭告列祖列宗曰：

招我祖魂　同归来享　追远思亲　恭诉衷肠　根自虞泽　源远流长
梅枝田氏　派衍凤翔　始祖田什　侯封武冈　太清二年　侯景犯上
保境安民　尽职勤王　赫赫战功　辅佐梁王　率领二子　驰骋沙场
屡征不起　惊动朝纲　定居广度　开辟蛮荒　披荆斩棘　养蚕种桑
凿井建室　艰苦备尝　生息繁衍　名播四方　古邑嶐城　我祖始创

正直为神	尊奉城隍	十四世祖	均鋠标芳	秉承祖志	续写辉煌
梅枝花发	迁居南乡	发扬光大	开拓图强	勤劳淳厚	热忱善良
克勤克俭	贫有书香	今逢盛世	家兴族望	山川秀美	固若金汤
或仕或农	或工或商	皆尊祖训	行馨德芳	女守妇道	男有纲常
长幼有序	和谐共创	虽多黎庶	不乏栋梁	春秋祭祀	素有典章
吾族子民	正气弘扬	孝慈挚爱	祖训不忘	狮山苍苍	双溪洋洋
列祖功德	福佑子孙	百行顺畅	事业隆昌	安居乐业	振兴家邦
事农入仕	丁财两旺	幼能孝顺	老寿福享	楼台庭院	地盘吉祥
万事如意	身心健康	参祭者恳	诚恐诚惶	拜祭呼应	相得益彰
必敬必恭	礼毕退场	敬慰拜告	伏惟尚飨		

第十四世均鋠太祖公墓前祝文 伏惟清明佳节，祭扫坟场，谨以中华人民共和国公元乙未岁次四月五日，值此黄道良辰，梅枝田氏合族裔孙谨备香烛、冥金之仪缅怀第十四世太祖公墓前，伏暨本山神土地、前朱雀、后玄武、左青龙、右白虎、守墓童男童女同赴酒礼。聿笔其鉴之曰：今古坟场于荒山，百年思亲难忘却，于黄泥之冢，三杯清酒于青墩之上，时逢寒食佳节入此山谷，特切蒸尝，挂纸幡以飘扬，备后土而俞彰。伏愿山兆其瑞、水效其源，钟灵毓秀、人杰地灵，读者文星高照、状元及第，耕者五谷丰登、六畜兴旺，老者如山不动，小者如水长流，佑田氏裔孙荣华富贵、风水悠长，参拜者出入平安、永远健康。谨祝！

叩首，鸣炮！

第十七世谷仁太祖公墓前祝文 于中华人民共和国公元乙未岁次四月五日，清明佳节，田氏后裔合族子孙谨备香烛、冥金、祭品前来参拜第十七世谷仁太祖公墓前（敬酒），伏暨本山神土地、前朱雀、后玄武、左青龙、右白虎、守墓童男童女一起享用。希守住吉地，佑我田氏后裔，为纪念祖先功德，弘扬创业之艰辛，激励后辈，佑启后人，今高挂纸幡以飘扬，备后土而俞彰。伏愿山兆其瑞、水效其源，读者文星高照、仕途顺畅，耕者五谷丰登、六畜兴旺，老者如山不动，小者如水长流。希田氏后裔齐心协力、精诚团结，为田氏合族增光添彩，以谢祖德保佑之大恩！谨祝！

宁波传统村落田野调查·梅枝田村

六 诗文选录

（一）历代县令为梅枝田田氏所写的诗文

明隆庆四年（1570），山西布政使司左布政天台王宗为梅枝田田月峰写《赠月峰田君六旬序》（来自《田氏宗谱》）一文：

田君月峰，隐君子也，尝以行推里，干岁庚午适当六旬。惟时天开寿域，宾侣腾欢，咸举觞为翁贺焉。而尤相契谊如吴君得姚君钦者，乃率其同志数辈来乞余言以志不忘。余诘之曰：翁寿矣，而亦知其所以寿乎？或以为翁世居宁之南，川岳深厚，乔木森森，殆淑气所钟也。或以为翁性资刚毅，淳庞不鉴，素不辱人，人辱不较，有似乎仁者寿也。又或为翁雅训义方，阙子若孙咸习礼让，皆秉明之秀也，而岂若恒人之寿已耶。嘻！允若兹翁寿矣，世至叔季与时易，寿与人湮，即寿矣。又乏所以养之者，月峰钟以山川得地之灵矣，而无疆之祉将与地同也，且以纯德得天之良矣，而耄耋之祯当为天所培也，而子姓绳绳，庭阶济美得所以颐养余庆者，未有艾也。然则海滨如翁者几？人人以寿贺翁，翁以寿受贺，主东南，不以尽美也哉？余与翁为同郡，惜不文，姑自耳目之所及者书之，并系以觞歌之。歌词曰：维山苍苍，维海茫茫，维岳之寿，海岳流峙，与德弥长。再歌曰：相彼日月，迭运明明，维君之寿，如日之升……

明万历三十一年（1603），宁海知县颜欲章赠梅枝田《吟节妇王氏》诗一首：不等庸人妇，堪追孟母贤。茹荼觇志苦，折发表心坚。义赈周荒岁，情高薄暮天。凤雏应锡允，莱彩舞翩翩。

明万历三十八年（1610），宁海知县王演畴为梅枝田田良宰母写《梅里田氏节孝王氏传》文一篇：我慈悲阃两居孀，海峤今仍见未亡。志矢柏舟严皎日，贞标松操耐寒霜。鹄歌吟就机声急，熊胆丸成狄教忙。妇节若斯堪淑世，待将奏简乞褒章。

王演畴《初到梅枝》：百花头上发奇姿，羡杀沂公及第时。月桂一枝何处觅，新春幸已得梅枝。

《月山观日》：火龙蟠水府，烈焰鼓洪炉。爝爝流金汗，煌煌耀赤乌。晓霞都琥珀,海树尽珊瑚。荡涤胸中秽,青云有路无?

《春日赴田氏书院》:今岁砚田洽在田,徇与步步上山巅。地邻阆苑人超俗,足踏青云背负天。月下犀牛同我望,窗中狮子伴余眠。见龙霖雨知何日,春暖仍蟠大海边。

明万历四十年(1612),直隶(河北)人徽州知府杨福庚为宁海梅枝田田冲宇母写《节孝王安六旬寿序》(具体文字此处略,详见《田氏宗谱》)。

明崇祯四年(1631),宁海知县章应科为梅枝田田德魁写《白岩公传》(具体文字此处略,详见《田氏宗谱》)。

清乾隆十一年(1746),宁海知县曹学程写《清复前梁直殿将军田侯墓记》(具体文字此处略,详见《田氏宗谱》)。

1949年,余姚县县长、宁海山头应人应怀宗主修《田氏宗谱》,并为《田氏宗谱》作序(具体文字此处略,详见《田氏宗谱》)。

1949年,宁海县县长邬子匀为梅枝田村田德懿妻应氏题匾"懿行可风"。

(二)梅枝田十景诗

梅枝田村古称梅里,风光秀丽,加上历代文风盛行,明代开始有古洞仙踪、狮刹晨钟、九皋晴霞、曲港渔歌、双溪垂钓、青屿雪浪、牛山牧歌、七星追月、西塘访古、灯台夕照十景,并历代相延。其中"七星追月"中月是指村里的月山,村民在月山周围繁衍生息,而从附近高山俯瞰,月山边上还有七座山头围绕,所以得名。明朝万历二十六年(1598)科举榜眼、"浙东十四子"之一的象山人邵景尧曾为梅枝田村作《梅枝十景》诗,诗作如下(诗文在新旧族谱抄递过程中可能出现谬误,但找不到旧谱校核,特此说明):

牛山牧唱

数声铁笛斜阳里,一曲清歌烟雨中。
扣角南山白石烂,尧天舜日乐相逢。

古洞仙踪

洞云吐纳散琼瑶,野鹤空搏海日骄。
仙子却从何处去,独留丹室倚云霞。

元龟献瑞

数衍九畴成绿字,图藏六甲发丹书。
山封海国依然在,寿雨东村德性间。

白象翻虹

乍向金门侍两班,元珠曾索舞云间。
岂止气吐虹霓色,翻入尘凡镇海关。

狮刹晨钟

古寺山村静掩门,老僧无事诵朝昏。
夜深不寐鸡鸣起,一叩蒲牢处处闻。

青屿雪浪

远望岗峦数点烟,无边海水杳连天。
波涛一夜随风起,银甲粼粼濯锦川。

曲水流觞

兰亭一夜失流觞,漂入海潴泛玉浆。
欲酌几回无觅处,蓬莱岛上挹芬芳。

七星联月

一天星斗夜何如,妆点春光映草庐。
桂魄不随弦望改,东西环时乐无余。

角井饮泉

裂石中分透碧泉,一泓摇洋弄清涟。
夜来月照霜华满,疑是冰壶坠九天。

九皋灵岳

高峰矗矗透千寻,鹤梦瑶台映楚心。
为雨为云通帝座,去天尺五近知音。

(三)"山风海韵"梅枝田诗词楹联

2017年6月,宁海县诗词楹联协会与县农办、越溪乡政府及梅枝田村相关人士共享"山风海韵"梅枝田诗词楹联雅集,他们在古雅的田氏家庙老建筑中及清幽的山海风光间徜徉流连、诗情洋溢。事后,他们为该村撰写了诗词和长廊楹联。

1. 诗 词

浣溪沙·梅枝田古村

戴霖军

耕读传家七百年,漫看沧海变桑田。古樟老宅总缠绵。
毓秀钟灵山捧月,风生水起海衔天。梅枝今又谱新篇。

一剪梅·越溪梅枝田采风

胡积飞

梅枝田村为田氏家族聚居地,古称梅里。三面环山,一面朝海,重峦叠嶂,海天相映。旧有十景:古洞仙踪、狮刹晨钟、九皋晴霞、曲港渔歌、双溪垂钓、青屿雪浪、牛山牧歌、七星追月、西塘访古、灯台夕照。

梅里风光别样幽,古刹峰峦,巷陌溪流。背山面海一望收,港内浮槎,港外渔舟。耕读传家祖训留,绿满桑田,情暖新楼。长廊曲槛待吟讴,装点家山,留住乡愁。

偕吟友游览梅枝田村

傅中兴

田什将军勋业奇,裔孙卜宅在梅枝。
背山面海风光美,耕读传家祖泽垂。
家庙新修檐宇壮,台廊近构彩华滋。
人才辈出声名远,岁月沧桑定居宜。

忆江南·梅枝田(二阕)

叶忠茂

人文美,古韵续新篇。千载梅枝吟秀色,一轮海日赋桑田。源远福延绵。
风水好,宝地毓名人。耕读传家遵祖训,知书达礼耀宗门。日月共长存。

2. 长廊楹联

横匾:挹翠听涛
毓秀钟灵山捧月,风生水起海衔天。(戴霖军)
心中皆有梅枝月,梓里还多文武星。(汪超英)
遵祖训,惟耕惟读;话家风,亦俭亦勤。(胡积飞)
帆影山光云水合,文风剑气古今通。(金胜军)
四季山光连海韵,千年古洞隐仙踪。(傅中兴)

宁波传统村落田野调查·梅枝田村

七 乡贤名士

梅枝田村耕读传家，族风清明浩荡，血脉绵延，从梅枝田始祖田什起，田均鋠、田良宰等英才辈出。自田氏在梅枝扎根繁衍始，田氏家族便将"耕读传家"的训诫摆在了重要位置。深居山间，要家庭富足便要劳作，要精神富足便要学习，耕田可丰五谷，读书可以达礼义。"耕读传家"既学做人，又学谋生，有了这两样传家宝，家族才能不断繁衍兴盛。梅枝田村人无不因祖训而富有求知的内心，崇学的风尚一直延续着。在1908年清王朝摇摇欲坠时期，梅枝田人依然以从容的姿态看待世事变化，在西学东渐影响下的江南乡间，梅枝田村级完小正式开学。筹建小学的资金由当时全村村民集资，总共筹集到200块银圆，另外田氏家田的收益也捐入其中，土地则由村中腾出。当时梅枝田村的族长就定下规矩，凡是小学毕业的人，在清明节可分到1两猪肉、12块清明麻糍，而从小学毕业后每上一个学历，这两项福利就可以翻番。

这样的激励办法，在清朝被民国取代后仍然沿用，激励着当时开始学习新学的村中少年们。到现今，村里还延续着奖学的传统，对考入重点大学的学生，每人奖励1000元。梅枝田村在民国时走出了5位黄埔军校的学生，而今有大学生100多人、硕士生4人、博士生3人（其中上重点大学有清华2人、北大3人、人民大学1人、浙大4人），并有一家五子登科，成为远近闻名的状元村。

千年的训诫代代守护，文明的教化浸润乡间，忠孝礼义之风代代相传。

（一）乡贤名士事迹

1.《宁海县志·人物传》首位人物——田什将军

田什（生卒年未记载），原籍陕西凤翔。南朝梁武帝时，被授为殿前将军，并封为武冈侯。梁太清二年（548），侯景作乱，梁武帝派邵陵王萧纶督军讨伐，田什随萧部出战。不料国中临贺王萧正德又倒戈叛变，并接应侯景，联合进攻台城（今南京市附近）。萧纶不得已还军救援，大战于台城。田什偕田寅、田宅二子浴血奋战，终因寡不敌众而失败，二子俱亡阵中。太清三年三月，台城陷落，田什保护萧纶出奔浙江会稽。后叛军追击甚紧，又与贾、董二将掩护萧纶逃往宁海避难。及至简文帝大宝元年（550）时，萧纶才得以还都。因感田什忠义，奏请梁朝廷，封田什为靖边侯，镇守临海郡，设总部于宁海。梁亡后，田什多次拒召入京做官，自此不问国事，合家卜居广度里，为宁海县田氏包括梅枝田之先祖。

2. 梅枝田始迁之祖——田均鋠

南宋开庆元年（1259），田什将军第十四代后裔田均鋠（生卒年不详）从宁海县城移居梅枝田。据《田氏宗谱》记载："公均鋠，字仲则，妻胡氏；公性恶嚣尘，好静幽，宋理宗开庆元年己未由城南迁居梅枝，是为梅枝始迁之祖。"文武兼备、耕读并重的田均鋠等田氏先人们，为梅枝田村的发展繁荣奠下了深广的精神文化内涵与物质经济基础，使得梅枝田在代代相传中不断发展开拓、繁荣兴盛。

3. 侠肝义胆的乡绅——田良宰

有一位为村民熟知的乡贤，是清朝的田良宰。田良宰年幼之时，因家贫而无法交租，当时财主将他家仅存在石磨中的小麦粉末都刮走了，几乎断了他家的粮食。当时，田良宰母亲对此行此举憎恶不已，并愤而发誓："自家后代如富裕，有人种我家田地就一概不收麦租。"十几年过去后，田良宰成了本地的员外，果然兑现了他母亲的誓言，并个人屡屡出资赈济周边逢上饥荒的百姓，还在台州赈粮，惠及一方郡治，《台州府志》上亦有记载。他名声在外，本人却以赡养母亲为借口无意仕途，常悠游天台、雁荡诸山水名胜间。

4. 热心赈灾治病的田德昭

田德昭（1846—1922），名奕昊，字明忠，号三多，又号焕章，梅枝田村下田人。田德昭是著名中医，他业精岐黄，热心公益，堵塘救灾。他开设药店，只要病家邀诊，不论日夜远近都会前往行医。午夜相约病家，只要窗口放灯，皆会循灯赴治，在当地百姓中有口皆碑。

5. 悬壶济世、好义善施的田康义

田康义（1910—1952），字康年，号世杰，别号守道，下田村人。他胸怀磊落，读书明理，克承先业，习医济世，不辞劳瘁，尤专伤寒。田康义生平急公好义，凡地方社会公益善举，尽量赞助支持，并一直乐善好施，还继承先人尊祖之心，督修宗谱，以竟全功。

6. 诗礼传家、关心国计民生的田良

田良是梅枝田村著名的开明乡绅，黄埔军校生田守中的父亲、全国种粮大户田小福的爷爷。田良以其名望和学问被选为代表茂林乡（梅枝、一市、七市）的宁海县议员，经常为百姓发声，曾帮助乡亲们据理力争，在梅枝田村一起筹建了梅枝田村小学。

7. 弃笔从戎、忠心卫国的田训庭

田训庭（1906—1944）是田小福的父亲，后来改名田守中。田训庭作为乡村大户人家的子弟，恪守耕读传家的优良家风。田训庭自小聪颖，好学上进，后考入浙江省立第六师范学校（位于台州）。在六师时，他便接受了进步思想与革命真理的熏陶，积极参加各项反帝反封建、推进民主科学的进步活动。毕业后，他满怀救国济民的崇高理想回到故乡，来到距梅枝田村三十公里之遥的桥头胡小学教书，后弃笔从戎报考军校。他是黄埔军校第八期毕业生，也是著名的抗日爱国部队国民党独立三十三旅政治部副主任，上校军衔。他积极宣传抗日，誓与日寇抗战到底。据家里人回忆，他往来书信、信笺均有"还我河山"四字。他在家乡赋闲时急公好义，热心公益，秉公处事。田训庭不仅投笔从戎，把名字改为田守中，还时刻准备着用自己的生命实现自己的诺言。他积极宣传抗日，不忘使命。1944年，他不幸病卒于军旅之中。英年早逝，令人扼腕叹息。当地

百姓都记得他的好,一直自发地祭奠、怀念他,后人聊以为慰。

8. 黄埔军校毕业的抗日英雄石士豪

石士豪(1913—1996)出生于民国二年十一月初六,家住浙江省宁海县东乡梅枝村,上海澄衷中学肄业。1934年9月考入黄埔军校第十一期,系学生第一总队步兵大队第三队学员。后在南京本校中央陆军军官学校就读,1937年8月毕业。毕业之后加入抗日队伍,参加过"淞沪会战""南京保卫战"等。后官至装甲兵团副团长。1949年上海解放前夕,随部队退入台湾。大陆与台湾实现"三通"后,叶落归根,于1991年回归大陆,定居浙江省宁海县城关。1996年十月初八,在宁海县越溪乡小梅枝村离世。

9. 豪迈坦率的种粮大户田小福

田小福(1940—2004),原名田启禧,宁海县越溪乡梅枝田村上田人,其父田训庭。限于当时条件,田小福仅读了三年小学,1950年辍学后在家务农,但他勤劳好学,14岁就成为农业行家里手,颇受乡人赞赏。后来农村改革,他承包了大批土地,成为浙江省优秀的种粮大户,曾任第三、四、五届县政协常委并当选第七届全国人大代表,积极参政议政,为农业发展做出了积极贡献。他自己虽然因为社会和家庭条件未能读书深造,但他谨守耕读传家祖训,含辛茹苦地把7个子女都培养成大学生。

10. 古代忠孝妇女

田氏家庙里,另外三块匾额还有两段故事。

其中的"懿徽纯孝"匾额,是康熙年间宁海知县所题,是因当时村里一孝顺媳妇感人举动远近闻名。这媳妇在公婆生病后,一直悉心照顾,不曾怠慢分毫,但公婆的病一直不见好。一郎中看诊后告诉这媳妇,需要一块肉做药引,方能药到病除。于是,这位媳妇当即就拿刀割下了自己身上的一块肉。其举动很快一传十、十传百,好媳妇的孝心也让公婆大病痊愈。这事也成了乡间的一段佳话。

另有"懿行可风""劲柏霜清"两块匾额，写的是村里一媳妇照顾生重病的丈夫，又在丈夫去世后担起养家重任的事。这一事迹还传到城里，感人至深。

11. 当代忠孝妇女

如今的梅枝田村，也有一位家喻户晓的孝顺媳妇——罗秀红。村民们平时闲谈，比谁家的媳妇好、谁家媳妇最孝顺老人，都会想到罗秀红；谁家教育儿女要孝老，罗秀红就是典范。罗秀红十五年如一日地照料瘫痪在床的婆婆，无微不至，无怨无悔。她就是乡里"孝顺媳妇"的代名词。而说起十五年来的日日夜夜，罗秀红觉得平常无比，觉得都是她分内的事情而已。

12. 当代热心公益的人物

田永超　祖籍宁海梅枝田村，少年时外出打拼，白手起家，在广东东莞开设了粤林电气科技股份有限公司，热心家乡的公益事业，田氏家庙翻新时曾捐资100万元人民币。平时还热心慈善捐助，孝亲敬老。

田怡民　在北京开家具厂的梅枝田村人，热心家乡的公益事业，田氏家庙翻新时曾捐赠15万元。平时还热心慈善捐助，经常资助困难村民。

田学勤　在北京开油漆工艺公司的梅枝田村人，热心家乡公益事业，田氏家庙翻新时曾捐赠10万元。经常资助同道地的邻居，2017年还给村里80岁以上的老人每人发1000元的红包。2014年，大旱的时候，他还与胡宝旺每人出资5000元从越溪大管网拉来自来水，解决了村民没水用的燃眉之急。

童先岑　隔坑自然村里助人为乐、乐于奉献的好人。村里老人灯泡坏了、自来水有故障了等各种事情，只要他知道了都会主动去帮忙。他不知道的事喊他一声，也会马上过去帮忙。他主动把村里坑坑洼洼的马路修好。村里各种公益事务，他几十年如一日地承担着。每次村里党员会议上，他几乎都会受到表扬。

（二）历代名士列表

1. 军　旅

明　朝

田维奎，字子柳，号康侯，籍名泰，隆武二年（1646）以游声加参将，敕定国将军。

田维轸，字汉章，籍名英，隆武二年以守备敕授昭毅将军。

民　国

田奕礼，字训庭，中央军校（即黄埔军校）毕业，曾任温岭副总队长，升第三战区政治部上校参谋。

田奕芬，字振芬，号瑞芝，志愿充任远征军，给奖"立功异域"四字，加入青年军委，以少尉复员。

田启耀，字国华，委任梅枝小学校长，北伐军事委员会中尉副官，升任上尉军需。

田启彪，保定军校毕业，任中尉连长。

田启贯，字庵观，号精明，省警训毕业生，宁波市警察局司法科上尉科员。

田启富，上尉代理连长，充本县自卫队副。

田康勤，初中毕业，五十七师军需处少尉司书。

田康元，号宪明，高中肄业，代兄出征，考取常州交警教导队准尉技术员。

朱颂培，名培，中央军校西安分校毕业，会任中尉连附。

田康森，中央警校肄业生。

田康阜，中央航空学校毕业生。

2. 文 士

清 朝

田野治，字耕助，号墨畦，康熙间恩贡生，授乌程县儒学教谕。
田家常，字君纲，号礼列，授分府为杭州布政使署房吏。
田绍述，号靖波，册名良，邑庠生，选任县议员。
田均锡，任广东、福建两省提举，累迁学士。

民 国

田奕芳，字振芳，号奕馥，师资进修毕业，执教乡校。
田启疆，号子和，册名襄，自治研究，师范讲习毕业，曾任村长及梅七乡乡长。

3. 科 举

明 朝

田友惠，字希恩，洪武间考取邑庠生。
田友平，字希易，洪武间考取邑庠生。
田友恒，字乐间，考取邑庠生。
田宗霈，天顺间考取庠生。
田维翼，字子张，崇祯间考取邑庠生。
田维参，字子房，崇祯间考取邑庠生。
田汝选，字选之，号振谦，万历间考取邑庠生。
田承宣，字克化，名有年，万历间考取邑庠生。
田承缆，字克藏，名年，天启间考取邑庠生。
田承祺，字锡九，天启间考取邑庠生。

清 朝

田维星，字子科，顺治间考取邑庠生。
田野治，字耕助，康熙间恩贡生。
田鼎臣，顺治间考取邑庠生。

田于渭，字中官，号载文，康熙间考取邑庠生。
田承赏，字克敷，康熙间考取邑庠生。
田承天，字钦若，康熙间考取邑庠生。
田天四，字咸五，号禹公，康熙间考取邑庠生。
田龙在，字云客，康熙间考取邑庠生。
田承禹，名际舜，康熙间考取邑庠生。
田日启，字熙之，康熙间考取邑庠生。
田逢鼎，号夏九，康熙间考取邑庠生。
田世禄，字定公，康熙间考取邑庠生。
田汝翁，字定之，名锡仕，康熙间考取邑庠生，寿九十，两三次钦赐粟帛。
田家光，字君五，名尚观，康熙间考取邑庠生。
田家燕，字君亨，康熙间考取邑庠生。
田逢龙，康熙间考取邑庠生。
田见龙，乾隆间宝宗师考取邑庠生。
田家瑚，字君夏，号县鼓，乾隆间考取邑庠生。
田希灏，字太初，名世勇，乾隆间考取邑庠生。
田家炎，字种玉，号徽音，乾隆间考取邑庠生。
田景仁，号鸣雷，字兴臣，嘉庆间考取岁贡生。
田其源，字如渊，名逢年，道光丙午科赵宗师生咸丰间补增生。
田梦良，字方椿，道光丙戌科考取邑庠生。
田其昌，名卓，号庄川，道光间考取邑庠生。
田绍述，字潜龙，号靖波，光绪癸卯科考取邑庠生。
朱万江，名琢章，咸丰二年岁入县考第三名邑庠生。
朱奕桢，名梦祥，光绪十年科试入县考第六名邑庠生。

4.例　授

清　朝

田瑞龙，乾隆太学生。
田家逢，号际云，乾隆太学生。

田景伦，号作霖，嘉庆太学生。

田其耕，名家禾，道光太学生。

田既源，咸丰太学生。

田逢源，光绪太学生。

田福藏，光绪太学生。

田珊辉，光绪太学生。

田行仁，光绪太学生。

田履丰，光绪太学生。

田种玉，光绪太学生。

5. 新　学

民　国

田奕英，字振英，中学转普师肄业生。

田奕春，字芳春，县立简师转升普师生。

田启靖，号澄渊，省立体专毕业生。

朱被聪，名廷辉，杭州赤城公学毕业生。

朱昭雷，名雨辰，县立高等毕业生。

朱昭水，名湘，正学高小毕业生。

朱昭山，名衡，省立第六中学毕业生。

朱颂龙，名龙，梅枝中心小学高级班毕业生。

朱颂增，名增，宁海县立中学初中毕业生。

图片档案

A
B
C
D
E
F
G
H
I

—— 村落面貌

—— 历史见证

—— 物质文化遗产

—— 非物质文化遗产

—— 民俗生活

—— 生产方式

—— 人　物

—— 现　状

—— 其　他

中国传统村落立档调查（图片）归档表

村落名称：梅枝田村
所属省市乡（镇）：浙江省宁海县越溪乡
拍摄者：葛娃娃　徐培良　袁赛林　邬华本
拍摄时间：2016年5月—2017月12月

分类	分类号	图片编号	说明	备注
A 村落面貌	A-1 村落全貌	A-1-1	从南向北看梅枝田村	—
		A-1-2	从西南方向看梅枝田村	—
		A-1-3	从东北方向看梅枝田村	—
	A-2 村落与自然关系	A-2-1	村落北依王干山	—
		A-2-2	村落东濒三门湾	—
		A-2-3	村落南面的狮子山	—
		A-2-4	村落西面的犀牛山	—
		A-2-5	绕村而流的双溪	—
		A-2-6	村落西北面的申坎头水库	—
		A-2-7	村落北面蛇头山尾的天然藤蔓林	—
		A-2-8	越沙线穿村而过	—
	A-3 村落不同角度的景象	A-3-1	上田隔坑自然村中1	—
		A-3-2	上田隔坑自然村中2	—
		A-3-3	上田隔坑自然村东北	—
		A-3-4	上田隔坑自然村东	—
		A-3-5	梅枝田村村西北	—
		A-3-6	梅枝田村村北	—

续表

分类	分类号	图片编号	说明	备注
A 村落面貌	A-4 主要街巷	A-4-1	尚学路中段	—
		A-4-2	尚学路尾段	—
		A-4-3	灯笼堂路前段	—
		A-4-4	灯笼堂路中段	—
		A-4-5	灯笼堂路尾段	—
		A-4-6	五市街	—
		A-4-7	五市街与朝阳路的交岔口	—
		A-4-8	朝阳路前段	—
		A-4-9	朝阳路中段	—
		A-4-10	学士路	—
		A-4-11	小康路	—
		A-4-12	环村路	—
	A-5 重要 公共空间	A-5-1	山海亭公园	—
		A-5-2	聊天长廊	—
		A-5-3	耕读传家文化广场	—
		A-5-4	健身场	—
	A-6 自然特色	A-6-1	五彩滩涂	—
		A-6-2	日出沧海桑田	—
		A-6-3	宁静的三门湾	—
		A-6-4	晨光熹微	—
B 历史见证	B-1 村落 历史见证	B-1-1	民国初年的长方形石头门当	—
		B-1-2	练武用的古石墩，重三四百斤	—
		B-1-3	古石碾，底盘约有10平方米	—
		B-1-4	树龄700年的古樟树（2003）	—
		B-1-5	树龄200年的古樟树（2003）	—

续表

分类	分类号	图片编号	说明	备注
B 历史见证	B-1 村落历史见证	B-1-6	龙凤呈祥纹古石礤	—
		B-1-7	旗杆夹	—
		B-1-8	古桥庄溪桥	—
	B-2 家族历史见证	B-2-1	编于1949年的《田氏宗谱》	—
		B-2-2	1984年修的《田氏宗谱》	—
		B-2-3	田什将军牌位	—
		B-2-4	祖先牌位	—
	B-3 文献	B-3-1	扶桑为第七届全国人大代表田小福写的传记	—
		B-3-2	第十四世均鋑太祖公墓前祝文	—
		B-3-3	第十七世谷仁太祖公墓前祝文	—
		B-3-4	清明祭祖祝文	—
		B-3-5	《山海亭志》石碑	—
		B-3-6	《重修梅枝田氏家庙记》石碑	—
	B-4 其他有年款的遗存	B-4-1	嘉庆四年（1799）所授牌匾"肆其靖之"	—
		B-4-2	乾隆十四年（1749）所授牌匾"忠英永宅"	—
		B-4-3	1949年，宁海县县长邬子匀为梅枝田村田德懿妻应氏题匾"懿行可风"	—
		B-4-4	1949年，叶逸民为梅枝田村田德懿妻应氏题匾"劲柏霜清"	—
		B-4-5	田氏家庙内古戏台台顶眉所挂牌匾"莫作戏看"	—
		B-4-6	"定国将军"匾	—
		B-4-7	"懿徽纯孝"匾	—
		B-4-8	"昭毅将军"匾	—
		B-4-9	"前梁敕封武冈侯加封靖边侯元赠英助伯"匾	—
		B-4-10	1949年石刻"物华""天宝"	—
		B-4-11	楹联"座拥犀峰环一角，门迎狮嶂振双铃"，横批"雅爱吾庐"	—

续表

分类	分类号	图片编号	说明	备注
B 历史见证	B-4 其他有年款的遗存	B-4-12	民国初年石刻"雅爱吾庐"、瓷画"鲤鱼跳龙门"	—
		B-4-13	民国初年石刻"中外共和"	—
C 物质文化遗产	C-1 公共遗产	C-1-1	田氏家庙大门	—
		C-1-2	田氏家庙匾	—
		C-1-3	田氏家庙的古戏台	—
		C-1-4	白鹤古庙外景	—
		C-1-5	"醒世图"匾	—
		C-1-6	"白鹤古庙"匾	—
		C-1-7	白鹤古庙石香炉	—
		C-1-8	白鹤古庙木窗花	—
		C-1-9	关帝寺外景	—
		C-1-10	关帝寺匾	—
		C-1-11	天灯寺远景	—
		C-1-12	天灯寺牌	—
		C-1-13	天灯寺牌坊	—
		C-1-14	瑞福禅寺远景	—
		C-1-15	瑞福禅寺近景	—
		C-1-16	朱家祠堂	—
		C-1-17	朱家祠堂雀替	—
		C-1-18	梅里书院遗址	—
		C-1-19	梅枝田村小学大门遗址	—
	C-2 民居建筑	C-2-1	朱家道地外景	—
		C-2-2	朱家道地全景	—
		C-2-3	朱家道地天井福禄寿局部图	—
		C-2-4	朱家道地木格门	—
		C-2-5	朱家道地木楼梯	—

续表

分类	分类号	图片编号	说明	备注
C 物质文化遗产	C-2 民居建筑	C-2-6	朱家道地花格窗	—
		C-2-7	朱家道地石窗	—
		C-2-8	朱家道地排水用金钿眼	—
		C-2-9	祥下道地外景	—
		C-2-10	祥下道地从天井往外看的两道车门	—
		C-2-11	祥下道地的马头墙和石窗	—
		C-2-12	祥下道地内院和厢房	—
		C-2-13	祥下道地木雕牛腿	—
		C-2-14	祥下道地木格窗	—
		C-2-15	祥下道地木格门	—
		C-2-16	祥下道地门当	—
		C-2-17	祥下道地大门门环	—
		C-2-18	外间道地	—
		C-2-19	外间道地大门门楣两侧的砖雕户对	—
		C-2-20	外间道地的石窗	—
		C-2-21	新楼下道地大门	—
		C-2-22	新楼下道地局部	—
		C-2-23	高堂道地外景	—
		C-2-24	吴道道地	—
		C-2-25	吴家道地局部	—
		C-2-26	祥后道地	—
		C-2-27	民居	—
		C-2-28	民居局部1	—
		C-2-29	民居局部2	—
		C-2-30	石阶	—
		C-2-31	门楣上的绘画	—
		C-2-32	老闾门	—

续表

分类	分类号	图片编号	说明	备注
C 物质文化遗产	C-2 民居建筑	C-2-33	堂前牛腿	—
D 非物质文化遗产	D-1 未列入名录的非遗	D-1-1	古法酿酒之辣蓼水加番薯或猕猴桃加糖发酵而成的酒酿原材料	—
		D-1-2	古法酿酒之酒酿原材料加米糠搅拌	—
		D-1-3	古法酿酒之上蒸笼蒸烧	—
		D-1-4	古法酿酒之蒸馏	—
		D-1-5	古法酿酒之出酒	—
		D-1-6	古法酿酒之贮存	—
E 民俗生活	E-1 日常生活场景	E-1-1	乘凉	—
		E-1-2	拉家常	—
		E-1-3	做手工活	—
		E-1-4	念九龙会	—
		E-1-5	小聚	—
		E-1-6	苎麻加工	—
		E-1-7	晒日头	—
		E-1-8	捣麻糍	—
		E-1-9	做麻糍花	—
		E-1-10	擂麻糍	—
		E-1-11	做隔纱糕	—
		E-1-12	骑海马亲子活动	—
		E-1-13	抲蛏子比赛	—
	E-2 礼俗生活场景	E-2-1	2015年清明祭祖读祭文仪式	—
		E-2-2	2015年清明祭祖跪拜仪式	—
		E-2-3	2017年清明祭祖祭品台	—
		E-2-4	2017年清明祭祖场景	—
		E-2-5	丧事门头装饰	—

续 表

分类	分类号	图片编号	说明	备注
E 民俗生活	E-2 礼俗生活场景	E-2-6	出殡用白幡	—
		E-2-7	祭祀供品席	—
		E-2-8	奔丧的亲朋好友	—
		E-2-9	跪拜仪式	—
		E-2-10	七月半祭祀活动1	—
		E-2-11	七月半祭祀活动2	—
		E-2-12	七月半祭祀用纸钱	—
	E-3 家居信仰	E-3-1	灶司爷组图	—
	E-4 交通工具	E-4-1	三轮电动车	—
		E-4-2	拖拉机	—
		E-4-3	电瓶车	—
		E-4-4	三轮车	—
		E-4-5	手拉车	—
		E-4-6	海马	—
F 生产方式	F-1 日常生产场景	F-1-1	采茶	—
		F-1-2	摘枇杷	—
		F-1-3	雕刻	—
		F-1-4	做马鞭	—
		F-1-5	刨地	—
		F-1-6	剪枝	—
		F-1-7	手工插秧	—
		F-1-8	做田岸	—
		F-1-9	机械插秧	—
		F-1-10	收牡蛎	—
		F-1-11	满载而归	—
		F-1-12	掱蛏子	—

续表

分类	分类号	图片编号	说明	备注
F 生产方式	F-2 生产工具	F-2-1	农耕工具	—
		F-2-2	柴刀	—
		F-2-3	打药桶	—
		F-2-4	木锯	—
		F-2-5	谷箩、米箩	—
		F-2-6	晾晒工具	—
		F-2-7	米筛	—
		F-2-8	麦篱	—
		F-2-9	虾网	—
		F-2-10	犁耙	—
		F-2-11	风车	—
		F-2-12	打稻机	—
		F-2-13	犁田机	—
		F-2-14	插秧机	—
	F-3 手工制品	F-3-1	粉桶	—
		F-3-2	手提粉桶	—
		F-3-3	捣臼	—
		F-3-4	针线箩筐	—
		F-3-5	草鞋耙	—
		F-3-6	海马	—
		F-3-7	20世纪60年代的楔橱	—
		F-3-8	20世纪60年代的纱橱	—
G 人物	G-1 村民肖像	G-1-1	搓麻绳的老奶奶	—
		G-1-2	工作中的村民	—
		G-1-3	乘凉的老人家	—
		G-1-4	街巷中的小女孩	—
		G-1-5	居家老奶奶	—

续 表

分类	分类号	图片编号	说明	备注
G 人物	G-1 村民肖像	G-1-6	田小福全家福（摄于1997年2月）	—
	G-2 历史上的重要人物肖像	G-2-1	田什将军肖像	—
		G-2-2	田训庭	—
		G-2-3	石士豪	—
		G-2-4	田小福	—
H 现状	H-1 近年来村落的新变化	H-1-1	2016年修葺一新的田氏家庙和古戏台	—
		H-1-2	新建的耕读传家文化广场	—
		H-1-3	1998年由梅枝田村小学改建成的梅枝田村幼儿园	—
		H-1-4	修葺后的公厕	—
		H-1-5	2016年修建完成的尚学路	—
		H-1-6	2016年建成的文化墙	—
		H-1-7	新民居	—
I 其他	I-1 其他	I-1-1	宁波市民协主席周静书调研梅枝田村	—
		I-1-2	2012年梅枝田村历史文化名村研讨会	—
		I-1-3	2017年宁波市"访名村 传历史"大型主题公益活动走进梅枝田村	—

A 村落面貌

A-1 村落全貌

A-1-1 从南向北看梅枝田村

A-1-2 从西南方向看梅枝田村

A 村落面貌　　153

A-1-3 从东北方向看梅枝田村

A-2　村落与自然关系

A-2-1　村落北依王干山

A-2-2　村落东濒三门湾

A-2-3 村落南面的狮子山

A-2-4 村落西面的犀牛山

A-2-5 绕村而流的双溪

A-2-6 村落西北面的申坎头水库

A 村落面貌

A-2-7 村落北面蛇头山尾的天然藤蔓林

A-2-8 越沙线穿村而过

A-3 村落不同角度的景象

A-3-1 上田隔坑自然村中1

A-3-2 上田隔坑自然村中2

A-3-3 上田隔坑自然村东北

A-3-4 上田隔坑自然村东

A-3-5 梅枝田村村西北

A-3-6 梅枝田村村北

A-4　主要街巷

A-4-1 尚学路中段

A-4-2 尚学路尾段

A-4-3 灯笼堂路前段

A-4-4 灯笼堂路中段　　　　　　　　　　　　A-4-5 灯笼堂路尾段

A-4-6 五市街

A-4-7 五市街与朝阳路的交岔口

A-4-8 朝阳路前段

A-4-9 朝阳路中段

A-4-10 学士路

A-4-11 小康路

A-4-12 环村路

A-5　重要公共空间

A-5-1　山海亭公园

A-5-2　聊天长廊

A-5-3　耕读传家文化广场

A-5-4 健身场

A-6　自然特色

A-6-1 五彩滩涂

A-6-2 日出沧海桑田

A-6-3 宁静的三门湾

A-6-4 晨光熹微

B 历史见证

B-1 村落历史见证

B-1-1 民国初年的长方形石头门当

B-1-2 练武用的古石墩，重三四百斤

B-1-3 古石碾，底盘约有 10 平方米

B-1-4 树龄700年的古樟树（2003）

B-1-5 树龄200年的古樟树（2003）

B-1-6 龙凤呈祥纹古石礅

B-1-7 旗杆夹

B-1-8 古桥庄溪桥

B-2　家族历史见证

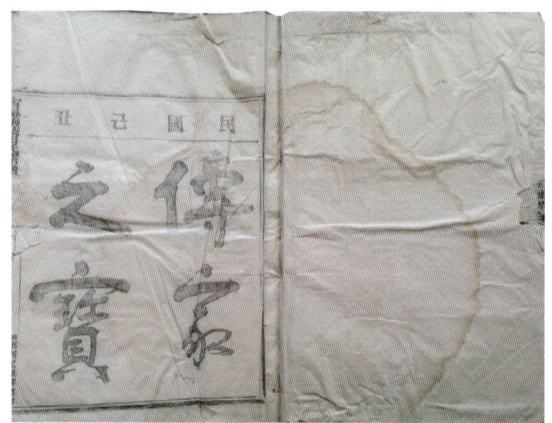

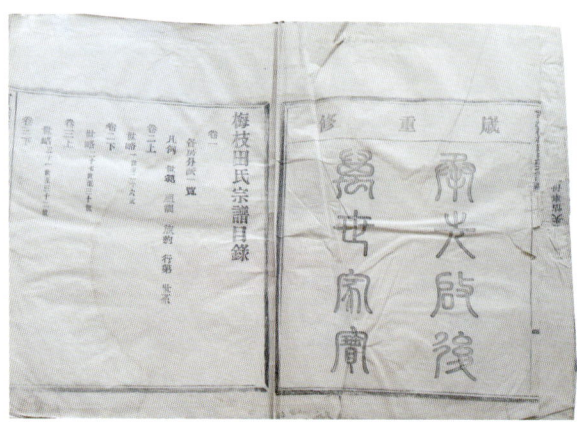

B-2-1　编于 1949 年的《田氏宗谱》

B 历史见证

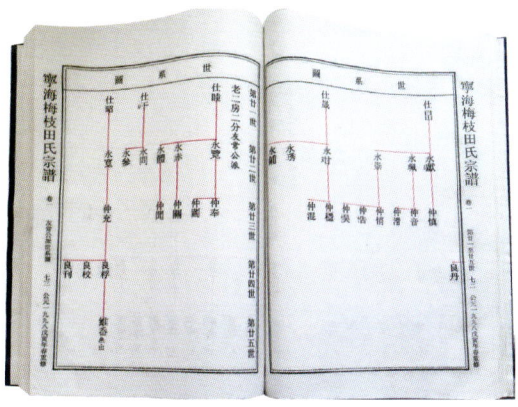
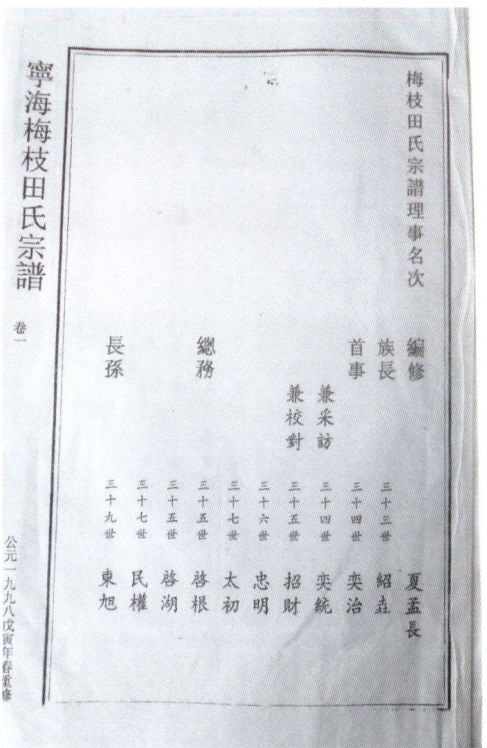

B-2-2　1984年修的《田氏宗谱》

B-2-3 田什将军牌位

B-2-4 祖先牌位

B-3 文 献

B-3-1 扶桑为第七届全国人大代表田小福写的传记

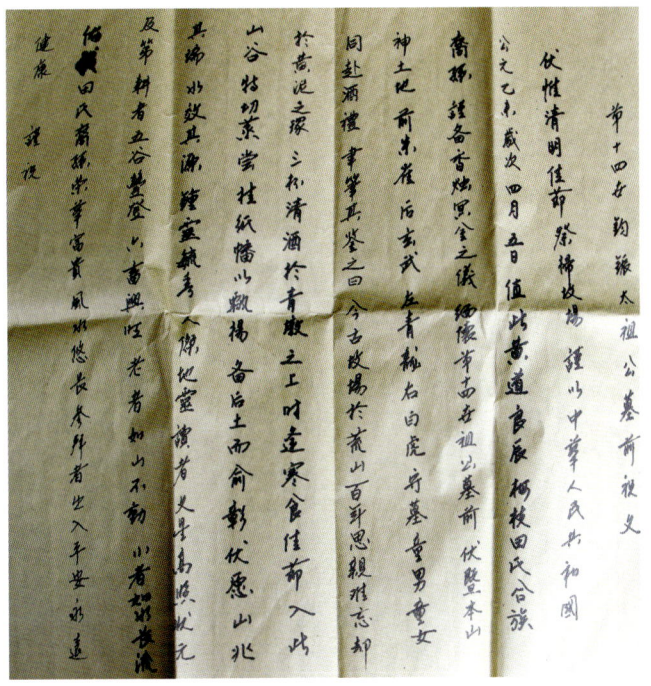

B-3-2 第十四世均鋠太祖公墓前祝文

B-3-3 第十七世谷仁太祖公墓前祝文

常十七世谷仁太祖公墓前祝文

时中华人民共和国公元乙未岁次四月五日清明佳节

长父后裔合族子孙,谨备香烛冥金祭品前来参拜,于安葬谷仁太祖当墓前(致酒),伏暨本山神土祇前朱雀后玄武左青龙右白虎寄墓壹男壹女一起享用荷家乎护吉儿佑我田氏后裔为纪念祖先功德弘扬创业之艰辛激励后辈后人今高挂纸幡以皷扬备后土而俞新伏愿山北马瑞水致其汤崇者又鼎高照仕途顺畅耕者五谷丰登龛心高兴旺老者如山不动小者如水长流田氏后裔骨心协力精诚团结为田氏合族带光谷彩以谢祖德保佑之大恩

谨祝

B-3-4 清明祭祖祝文

（略）

重修梅枝田氏家廟記

梅枝田氏南梁田什將軍之後十四世孫均銀公於南宋開慶元年（公元1259年）始自寧海廣度里遷居梅里明嘉靖年間建田氏家廟於村前供祭祀議事之用遞至於今歲月變遷家廟年久失修樑棟蒙塵柱臺朽爛牆頂漏雨雪俱下使先人安享之所後輩無進祭之地有感於此梅枝田村委會議定重修田氏家廟耗資叁佰貳拾陸萬元公幣壹佰萬元村民捐資貳佰貳拾餘萬於乙未年荷月開工重修至丁酉年吉月始成前廂後殿戟臺門樓儼然舊貌橫梁立柱楹聯匾額熠熠生輝更立「耕讀傳家」祖訓於北側依此訓鄉人勤於耕作不誤農時齔童子弟則好學成風故田氏一脈偏居一隅而怡然自樂匡屈伸自如有安身立命之本兼濟世之志豈不明哉是以記

梅枝田村委會　公元二零一八年四月五日

山海亭誌

梅枝領上山海亭　踞龍脉倚虎脊　一望兩州三縣　雲起如意峰　映入梅枝山水
天姥餘脉連綿而來　遙想南朝將軍田什　忠隨邵陵王討伐逆亂　捨生護主　避
難寧海　功封靖邊侯　梁代更迭　田什不願功名　隱居廣度里終老　遂成寧海田
氏先祖　後敬拜焉寧海城隍　其第十四代嫡裔遷居梅枝　建家廟　奉先祖　承家
訓　耕讀鄉村　漁歸三門灣　望盡農家田舍　東海波瀾潮湧及至　近觀改革盛世
農村面貌日新月異　現有裴醉嘯女士出資建亭　更有犀山護宅　車山進賢　大
梅枝村民安居樂業　共沐祖恩　歲歲梅枝花木盛　天地情緣山海間　立亭永誌

癸巳年陽春梅枝田村壟立

B-3-5 《山海亭志》石碑　　　B-3-6 《重修梅枝田氏家庙记》石碑

B-4 其他有年款的遗存

B-4-1 嘉庆四年（1799）所授牌匾"肆其靖之"

B-4-2 乾隆十四年（1749）所授牌匾"忠英永宅"

B-4-3 1949年，宁海县县长邬子匀为梅枝田村田德懿妻应氏题匾"懿行可风"

B-4-4 1949年，叶逸民为梅枝田村田德懿妻应氏题匾"劲柏霜清"

B-4-5 田氏家庙内古戏台台顶眉所挂牌匾"莫作戏看"

B-4-6 "定国将军"匾

B-4-7 "懿徽纯孝"匾

B-4-8 "昭毅将军"匾

B-4-9 "前梁敕封武冈侯加封靖边侯元赠英助伯"匾

B-4-10 1949年石刻"物华""天宝"

B-4-11 楹联"座拥犀峰环一角,门迎狮嶂振双铃",横批"雅爱吾庐"

B-4-12 民国初年石刻"雅爱吾庐"、瓷画"鲤鱼跳龙门"

B-4-13 民国初年石刻"中外共和"

C 物质文化遗产

C-1 公共遗产

C-1-1 田氏家庙大门

C-1-2 田氏家庙匾

C-1-3　田氏家庙的古戏台

C-1-4　白鹤古庙外景

C-1-5 "醒世图"匾

C-1-6 "白鹤古庙"匾

C-1-7 白鹤古庙石香炉

C-1-8 白鹤古庙木窗花

C-1-9 关帝寺外景

C-1-10 关帝寺匾

C-1-11 天灯寺远景

C-1-12 天灯寺牌

C-1-13 天灯寺牌坊

C-1-14 瑞福禅寺远景

C-1-15 瑞福禅寺近景

C-1-16 朱家祠堂

C-1-17 朱家祠堂雀替

C-1-18 梅里书院遗址

C-1-19 梅枝田村小学大门遗址

C-2　民居建筑

C-2-1　朱家道地外景

C-2-2　朱家道地全景

C-2-3　朱家道地天井福禄寿局部图

C-2-4 朱家道地木格门　　　　　　　　　　　　　　　　C-2-5 朱家道地木楼梯

C-2-6 朱家道地花格窗

C-2-7 朱家道地石窗

C-2-8 朱家道地排水用金钿眼

C 物质文化遗产　193

C-2-9　祥下道地外景

C-2-10　祥下道地从天井往外看的两道车门

C-2-11 祥下道地的马头墙和石窗

C-2-12 祥下道地内院和厢房

C 物质文化遗产

C-2-13 祥下道地木雕牛腿

C-2-14 祥下道地木格窗　　　　　　　　C-2-15 祥下道地木格门

C-2-16 祥下道地门当

C-2-17 祥下道地大门门环

C 物质文化遗产

C-2-18 外间道地

C-2-19 外间道地大门门楣两侧的砖雕户对

C-2-20 外间道地的石窗

C-2-21 新楼下道地大门

C-2-22 新楼下道地局部

C 物质文化遗产　199

C-2-23　高堂道地外景

C-2-24　吴家道地

C-2-25　吴家道地局部

C-2-26 祥后道地

C-2-27 民居

C-2-28 民居局部1

C-2-29 民居局部2

C-2-30 石阶

C-2-31 门楣上的绘画

C-2-32 老阊门

C-2-33 堂前牛腿

D 非物质文化遗产

D-1 未列入名录的非遗

D-1-1 古法酿酒之辣蓼水加番薯或猕猴桃加糖发酵而成的酒酿原材料

D-1-2 古法酿酒之酒酿原材料加米糠搅拌

D-1-3 古法酿酒之上蒸笼蒸烧

D-1-4 古法酿酒之蒸馏

D-1-5 古法酿酒之出酒

D-1-6 古法酿酒之贮存

E 民俗生活

E-1 日常生活场景

E-1-1 乘凉

E-1-2 拉家常

E-1-3 做手工活

E-1-4 念九龙会

E-1-5 小聚

E-1-6 苎麻加工

E-1-7 晒日头

E-1-8 捣麻糍

E-1-9 做麻糍花

E-1-10 擂麻糍

E-1-11 做隔纱糕

E-1-12 骑海马亲子活动

E-1-13 抲蛏子比赛

E-2 礼俗生活场景

E-2-1 2015年清明祭祖读祭文仪式

E-2-2 2015年清明祭祖跪拜仪式

E-2-3 2017年清明祭祖祭品台

E-2-4 2017年清明祭祖场景

E-2-5 丧事门头装饰

E-2-6 出殡用白幡

E-2-7 祭祀供品席

E-2-8 奔丧的亲朋好友

E-2-9 跪拜仪式

E-2-10 七月半祭祀活动1

E-2-11 七月半祭祀活动2

E-2-12　七月半祭祀用纸钱

E-3　家居信仰

E-3-1　灶司爷组图

E-4　交通工具

E-4-1　三轮电动车

E-4-2　拖拉机

E-4-3　电瓶车

E 民俗生活　217

E-4-4　三轮车

E-4-5　手拉车

E-4-6　海马

F 生产方式

F-1 日常生产场景

F-1-1 采茶

F-1-2 摘枇杷

F 生产方式　219

F-1-3　雕刻

F-1-4　做马鞭

F-1-5 刨地

F-1-6 剪枝

F-1-7 手工插秧

F-1-8 做田岸

F-1-9 机械插秧

F-1-10 收牡蛎

F-1-11 满载而归

F-1-12 抲蛏子

F-2 生产工具

F-2-1 农耕工具

F-2-2 柴刀

F-2-3 打药桶

F-2-4 木锯

F-2-5 谷箩、米箩

F-2-6 晾晒工具

F-2-7 米筛

F-2-8 麦篱

F-2-9 虾网

F-2-10 犁耙

F-2-11 风车

F-2-12 打稻机

F-2-13 犁田机

F-2-14 插秧机

F-3 手工制品

F-3-1 粉桶

F-3-2 手提粉桶

F-3-3 捣臼

F-3-4 针线箩筐

F-3-5 草鞋耙

F-3-6 海马

F-3-7 20世纪60年代的楔橱

F-3-8 20世纪60年代的纱橱

G 人物

G-1 村民肖像

G-1-1 搓麻绳的老奶奶

G-1-2 工作中的村民

G-1-3 乘凉的老人家

G-1-4 街巷中的小女孩

G-1-5 居家老奶奶

G-1-6 田小福全家福（摄于1997年2月）

G-2　历史上的重要人物肖像

G-2-1　田什将军肖像

G-2-2　田训庭

G-2-3　石士豪

G-2-4　田小福

H 现状

H-1 近年来村落的新变化

H-1-1　2016年修葺一新的田氏家庙和古戏台

H-1-2 新建的耕读传家文化广场

H-1-3 1998年由梅枝田村小学改建成的梅枝田村幼儿园

H-1-4 修葺后的公厕

H-1-5 2016年修建完成的尚学路

H-1-6 2016年建成的文化墙

H-1-7 新民居

其他

I-1 其他

I-1-1 宁波市民协主席周静书调研梅枝田村

I-1-2　2012年梅枝田村历史文化名村研讨会

I-1-3　2017年宁波市"访名村　传历史"大型主题公益活动走进梅枝田村

附录 国家级传统村落梅枝田村立档调查人员名录

负责人	杨小娣　葛娃娃
采访调查人	杨小娣（43岁，本科学历，宁海县教师进修学校高级讲师） 丁著怀（67岁，中专学历，宁海县农林局执法大队原大队长、中级技师）
受访讲述人	田正元（59岁，大专学历，越溪乡成人学校教师） 田启尧（65岁，初中学历，宁波市宁海县梅枝田村委会书记）
摄影	葛娃娃　徐培良　袁赛林　邬华本
编校	杨小娣　葛娃娃
采录时间	2015年6月至2018年6月